EXPANDIEREN
Die 7 grundlegenden Schritte zum Wachstum Ihres Unternehmens

Wayne Fox

Copyright © 2014 von Wayne Fox. Alle Rechte vorbehalten. Kein Teil dieses Buches darf in irgendeiner Form ohne schriftliche Genehmigung des Autors reproduziert werden. Rezensenten dürfen kurze Passagen in Rezensionen zitieren.

Haftungsausschluss und FTC-Haftungsausschluss

Kein Teil dieser Veröffentlichung darf ohne schriftliche Genehmigung des Herausgebers in irgendeiner Form oder mit irgendwelchen Mitteln, sei es mechanisch oder elektronisch, einschließlich Fotokopieren oder Aufzeichnen, oder durch ein Informationsspeicher- und -abrufsystem reproduziert oder übertragen oder per E-Mail übermittelt werden.

Obwohl alle Versuche unternommen wurden, die in dieser Veröffentlichung bereitgestellten Informationen zu überprüfen, übernimmt der Autor keine Verantwortung für Fehler, Auslassungen oder gegenteilige Interpretationen des hierin enthaltenen Themas.

Dieses Buch dient nur der Unterhaltung. Die geäußerten Ansichten sind ausschließlich die des Autors und sollten nicht als fachmännische Anweisungen oder Anweisungen verstanden werden. Der Leser ist für sein eigenes Handeln verantwortlich.

Die Einhaltung aller geltenden Gesetze und Vorschriften, einschließlich internationaler bundesstaatlicher, staatlicher und lokaler Berufslizenzen, Geschäftspraktiken, Werbung und aller anderen Aspekte der Geschäftstätigkeit in den USA, Kanada, Großbritannien oder einer anderen Gerichtsbarkeit, liegt in der alleinigen Verantwortung des Käufer oder Leser.

Der Autor übernimmt keinerlei Verantwortung oder Haftung im Namen des Käufers oder Lesers dieses Materials.

Jede wahrgenommene Beleidigung einer Einzelperson oder Organisation ist völlig unbeabsichtigt. Manchmal verwende ich Affiliate-Links zum Inhalt des Buches. Das bedeutet, dass ich bei einem Kauf eine Verkaufsprovision erhalte. Das bedeutet jedoch nicht, dass meine Meinung käuflich ist. Alle im Buch aufgeführten Affiliate-Links sind die Dienste und

Produkte, die ich selbst genutzt habe und die ich für nützlich befunden habe. Der Leser oder Käufer sollte seine eigene Recherche durchführen bevor Sie online einen Kauf tätigen.

Inhalt

1. Einführung

2. Was hast du schon?

3. Was ist Ihre Strategie?

4. Was brauchen wir?

5. Abschluss

6. Über den Autor

Einführung

Wussten Sie, dass 90 % der Startup-Unternehmen innerhalb der ersten fünf Jahre scheitern?

Eine grundlegende Realität in der heutigen Wirtschaft ist, dass ein Unternehmen wachsen muss, sonst geht es zugrunde. Wenn Ihr Unternehmen gerade auf der Stelle tritt, sollten Sie jetzt über einen Wechsel nachdenken! Bringen Sie etwas Energie und Leben hinein, sonst verschließen Sie die Tür zum allerletzten Mal.

Der Titel dieses Buches besagt, dass ich Ihnen die 7 grundlegenden Schritte zum Wachstum Ihres Unternehmens zeige. Während ich Sie durch das Buch führe, begeben wir uns auf eine Reise, schauen uns diese sieben Bereiche viel detaillierter an und besprechen nacheinander die Optionen, die uns zur Verfügung stehen.

Ich habe dieses Buch geschrieben, weil ich früher in meiner Karriere nach Antworten gesucht habe, die nur dann verfügbar waren, wenn man sich für die Beauftragung von Unternehmensberatern entschieden hat. Diese Leute waren teuer, und für kleine Unternehmen ist das eine kostspielige Ausgabe, auf die Sie verzichten können. Wie bringen Sie Ihr Unternehmen ohne das Geld für Berater voran?

Ich habe alles, was ich weiß, durch Versuch und Irrtum gelernt: zwanzig Jahre meiner eigenen direkten Erfahrung und etwa fünfzig Jahre weitergegebenes Wissen aus der Erfahrung meiner Eltern und Großeltern in der Geschäftswelt.

Die Dinge, die funktionierten, habe ich wieder verwendet, und die Dinge, die nicht funktionierten, habe ich entweder weggelassen oder optimiert, bis sie funktionierten.

In diesem Buch erhalten Sie zusammengenommen 160 Jahre Geschäftserfahrung von Menschen, die diese Erfahrung gemacht haben und mehrere Unternehmen von lokalen kleinen und mittleren Unternehmen zu großen Unternehmen entwickelt haben, die national und sogar international tätig sind, wobei die meisten davon sogar international agieren mit einem relativ kleinen Budget gewachsen und deckt mehrere Branchen ab.

Diese Erfahrung zu sehr geringen Kosten an Sie weiterzugeben, ist wahrscheinlich eine der besten

Investitionen, die Sie jemals für sich und Ihr Unternehmen tätigen werden.

Was hast du schon?

Bevor Sie mit der Wachstumsphase Ihres Unternehmens beginnen können, ist es zunächst wichtig, einen Schritt zurück vom Tagesgeschäft zu machen und eine Bestandsaufnahme dessen zu machen, was Sie bereits haben.

So viele Unternehmen versuchen zu wachsen, obwohl sie noch nicht dazu bereit sind. Vielleicht gewinnt der Eigentümer einen „einmaligen" Auftrag, schafft es, ihn erfolgreich umzusetzen, glaubt dann aber, dass er/sie diesen Erfolg auf mehrere Projekte gleichzeitig übertragen kann. Unternehmenswachstum muss nachhaltiges Unternehmenswachstum sein. Beachten Sie, dass wir, wenn wir über nachhaltiges Unternehmenswachstum sprechen, nicht davon sprechen, „grün" oder „umweltfreundlich" zu sein oder die Umwelt zu schonen. Nachhaltiges Geschäftswachstum bedeutet Wachstum, auf dem Sie weiter aufbauen können, Wachstum, das nicht verschwindet, nachdem Sie einen bestimmten Verkauf oder ein einzelnes Projekt abgeschlossen haben.

Das ist Unternehmenswachstum. Aber Ihr Unternehmen kann nur wachsen, wenn Sie wissen, was Sie bereits haben, und es dann perfektionieren.

Wenn Sie sich die Zeit nehmen, lokale Unternehmen in Ihrer Nähe zu beobachten, werden Sie feststellen, dass einige dieser Unternehmen größer werden.

Dies gilt insbesondere für Dienstleistungsunternehmen, da diese aufgrund ihrer Größe stärker auffallen und ihre Fahrzeuge und Mitarbeiter für die breite Öffentlichkeit besser sichtbar sind. Dieses Phänomen ist außerhalb der Stadt wahrscheinlich stärker spürbar. Vielleicht erleben Sie, dass aus einem Zwei- bis Drei-Personen-Unternehmen relativ schnell ein Acht- bis Neun-Personen-Unternehmen wird. Ab diesem Zeitpunkt kann eines von drei Dingen passieren, je nachdem, wie das Unternehmen geführt wird und wie es auf Wachstum ausgerichtet ist.

- Das Unternehmen wächst und geht dann aufgrund der Insolvenz pleite
- Das Unternehmen schrumpft in weniger als zwei Jahren wieder auf den ursprünglichen Stand zurück
- Das Geschäft wächst weiter.

Das häufigste Ereignis ist die Insolvenz. Dies liegt daran, dass das Unternehmen nicht über die Ressourcen verfügt, um ein nachhaltiges Wachstum zu ermöglichen.

Abhängig von der eigenen Erfahrung der Geschäftsinhaber gewinnen sie häufig Arbeiten vor dem Wachstum, und diese Arbeiten erreichen möglicherweise nur die Gewinnschwelle, aber der Eigentümer weiß es nicht, weil er einfach davon ausgeht, dass seine Preisniveaus korrekt sind.

Wenn das Unternehmen wächst, benötigt es zusätzliche Gemeinkosten, um es am Laufen zu halten. Vorgesetzte müssen verwaltet werden, Manager benötigen Anweisungen. Wenn Sie externe Investoren haben, möchten diese zusätzliche Ressourcen zur Überwachung der Eigentümer/Führungskräfte bereitstellen, was alle die laufenden Kosten des Unternehmens erhöht und die Gewinne weiter schmälert.

Wenn dieses Wachstum auf dem gleichen Preisniveau wie vor dem Wachstum aufgebaut wird, ohne zusätzliche Investitionen in Gemeinkosten und zusätzliche Überwachung, werden die Eigentümer entweder 24 Stunden am Tag arbeiten oder das Unternehmen wird vom ersten Tag des Wachstums an Geld verlieren Zeitraum.

Wenn ein Unternehmen externe Investitionen für sein Wachstum sichert, stellt es häufig das erforderliche Team zusammen, um ein schnelles Wachstum zu erzielen. Das ist in Ordnung, denn das Unternehmen ist darauf ausgelegt, mit diesem Wachstum Schritt zu halten, muss diese Wachstumsziele aber schnell erreichen. Andernfalls verliert es für jeden Tag Geld, an dem es diese Ziele nicht erreicht. Einerseits ist dies eine schnelle Möglichkeit, das Geschäft auszubauen, wenn es sich um ein bewährtes Modell handelt und die Kunden kaufbereit sind. Es birgt aber auch ein höheres Risiko.

Was passiert, wenn das Unternehmen Ihre Wachstumserwartungen nicht erfüllt?

Werden Ihnen die Investoren mehr Geld geben?

Wie lange können Sie es sich leisten, weiterzumachen, ohne Ihre Wachstumszahlen zu erreichen?

Wenn Ihre Wachstumszahlen auf inkrementellem Wachstum über einen bestimmten Zeitraum basieren, Sie aber in Periode 1 beispielsweise um 10 % im Minus sind, werden Sie bei Fortsetzung auf dem gleichen Niveau in Periode 2 um 20 % oder mehr zurückgehen. Sie haben das Senior-Team eingesetzt, um Ihre Wachstumserwartungen für Periode 2 zu verwalten, aber Sie liegen 20 % unter diesen Zielen und Ihre laufenden Kosten sind 20 % (oder mehr) höher als erwartet. Wie werden Sie dieses Defizit ausgleichen?

Ihre Antwort könnte lauten, dass Sie die Personalebene der zweiten Periode nicht einstellen werden, wenn Sie Ihre Ziele nicht erreicht haben. Das ist alles schön und gut, aber in Wirklichkeit rekrutieren Sie diese Leute lange bevor Sie sie brauchen. Es braucht Zeit, die richtigen Leute zu finden; Die Rekrutierung eines mittleren Managers dauert durchschnittlich drei bis sechs Monate, bei einem leitenden Manager kann es bis zu einem Jahr dauern.

Je höher man in der Nahrungskette steht, desto schwieriger ist es, geeignete Bewerber zu finden, und diese Personen müssen alle eine Kündigungsfrist bei ihren bestehenden Arbeitgebern einhalten. Das bedeutet, dass Sie bei der Rekrutierung von Personal für Periode 2, je nachdem, wie lang jede Periode ist, vom ersten Tag Ihrer Wachstumsphase an nach Kandidaten suchen und diese interviewen müssen.

Wie decken Sie die verfehlten Zielkosten? Werden Ihnen die Anleger die Mittel zur Verfügung stellen, um „schlechte Kosten" zu decken, oder werden sie einfach ihre Verluste begrenzen und aus dem Geschäft aussteigen? Eine Möglichkeit könnte darin bestehen, die zusätzlichen Kosten zu Ihrer Service-/Produktlinie hinzuzufügen, aber wie würde Ihnen eine Erhöhung um 20 % zu Ihren bestehenden Preisen dabei helfen, Ihre Ziele zu erreichen? Es ist wahrscheinlicher, dass dadurch

Ihr Defizit für den aktuellen Zeitraum drastisch erhöht wird.

Eine Alternative zu dieser schnellen Wachstumsmethode besteht darin, das Tempo etwas zu verlangsamen und das Team einfach so zu übernehmen, wie es wächst. Dies kann ein Gefühl von „Brandbekämpfung" hervorrufen; Wenn das Unternehmen auf Probleme stößt, scheint es fast so, als würden Sie wachsen, bevor Sie die Leute einstellen, die dieses Wachstum bewältigen. Es ist auch eine viel langsamere Möglichkeit, das Geschäft auszubauen.

Wie ich bereits erwähnt habe, müssen Sie den Zeitrahmen für die Rekrutierung geeigneter Kandidaten berücksichtigen. Wenn Sie erst einstellen, wenn Sie einen konkreten Bedarf an dieser Person haben, ist die Wahrscheinlichkeit groß, dass Sie zu dem Zeitpunkt, an dem dieser Kandidat anfängt, auch Bedarf an einer anderen Person haben. Jede Option kann ihre eigenen Kopfschmerzen und Frustrationen mit sich bringen.

Meine Empfehlung ist, dass Sie eine Kombination beider Optionen nutzen, wenn Sie über die finanziellen Mittel dazu verfügen. Dies kann bedeuten, dass Sie für jede Position, insbesondere für das Management, ein paar Monate vor ihrem Bedarf rekrutieren. Das wird für das Unternehmen mit Kosten verbunden sein, aber Sie haben diese Person einsatzbereit, anstatt Ihnen immer auf den Fersen zu sein. Ich selbst habe diese Option bereits früher in Unternehmen genutzt.

Ein weiterer Grund für das Scheitern des Wachstums besteht darin, dass ein Unternehmen, wenn es wächst, neue Mitarbeiter rekrutiert, um die zusätzliche Nachfrage zu decken.

Oftmals erfolgt die Bereitstellung von Ressourcen für dieses Wachstum ungeplant, sodass die Personalbeschaffung das allerletzte ist, was getan werden muss.

Das bedeutet, dass die neuen Mitarbeiter am ersten Tag mit der Arbeit beginnen und nur sehr wenig über die Abläufe im Unternehmen informiert sind. Das Unternehmen verfügt höchstwahrscheinlich nur über wenige oder gar keine Einweisungsverfahren für neue Mitarbeiter. Wenn also etwas schiefgeht, geben die Eigentümer dem neuen Personal die Schuld und fragen sich, warum sie kein gutes Personal finden können. Durch eine Kombination aus Schulung und Mentoring sollten die meisten Mitarbeiter die Arbeit erfolgreich ausführen.

Um dies richtig zu machen, sollten Sie bedenken, dass Sie Ihr bestehendes Team darin schulen, Botschafter der richtigen Vorgehensweise zu werden. Wenn das Unternehmen wächst, befähigen Sie diese vorhandenen Mitarbeiter, die neuen Mitarbeiter in der Arbeitsweise zu schulen. Möglicherweise finden Sie bereits einige von Natur aus starke Leute in der Branche.

Vielleicht identifizieren Sie diese Leute als diejenigen, die eine klare Meinung darüber haben, wie Dinge gemacht werden. Wenn diese Leute in Ruhe gelassen werden, können sie dem Unternehmen schaden. Wenn Sie sie jedoch zu Ihrem Vorteil nutzen und sie darin schulen, wie Sie die Aufgaben ausführen möchten, stellen Sie möglicherweise fest, dass Sie einen sehr starken Anführer haben und jemanden, der anderen effektiv beibringen kann, wie ein Prozess durchgeführt werden muss.

Durch die Verwendung dieser Delegationsmethode wird der Aufwand seitens der Eigentümer reduziert, da lediglich alle paar Monate oder möglicherweise je nach Vertrag eine Überprüfung des Personals erforderlich ist. Sie wissen, welche Frequenz für Ihr Unternehmen am besten geeignet ist, und je nachdem, wie viel Sie selbst eingreifen, um Probleme zu lösen, kann es ein Versuch und Irrtum sein.

Alle Unternehmen müssen wachsen. Stellen Sie es sich wie ein Auto vor. Sie fahren Ihr Auto, Sie haben ein GO-Pedal und ein STOP-Pedal. Wenn Sie das GO-Pedal nicht betätigen, werden Sie langsamer.

Irgendwann kommt es zum Stillstand, und an diesem Punkt stirbt das Auto ab. Sie können die Geschwindigkeit Ihres Fahrzeugs bestimmen, indem Sie den Druck, den Sie auf das GO-Pedal ausüben, variieren. Das Wichtigste ist jedoch, dass Sie das GO-Pedal betätigen.

Durch Drücken des GO-Pedals benötigt das Auto Kraftstoff (das heißt Ihre Ressourcen, Kunden und Investitionen), aber je schneller es fährt, desto mehr Boden legt es zurück. In Ihrem Unternehmen ist es genauso. Treiben Sie das Geschäft weiter voran, sonst kommt es zum Stillstand.

Um diese Metapher noch weiter zu erweitern, stellen Sie sich Ihr Unternehmen als ein Autorennen vor. Die anderen Autos auf der Strecke sind Ihre Konkurrenten. Wenn Sie langsamer werden, werden sie Sie überholen und Ihnen mehr Marktanteile wegnehmen. Es gibt nur eine begrenzte Anzahl an Kunden, die Sie haben können, ohne zu wachsen.

Wenn Sie an mehreren Rennen teilnehmen könnten, wären Sie vielleicht bei allen langsam, aber zumindest würden Sie bei jedem Rennen Schwung aufbauen. Treiben Sie Ihr Unternehmen weiter voran und setzen Sie sich gegenüber Ihren Mitbewerbern durch.

Das Wachstum eines Unternehmens kann eine Steigerung des Umsatzes/Gewinns bedeuten, oder es kann bedeuten, dass die Vertriebskanäle, Standorte, die Mitarbeiterzahl oder neue Produkte oder Dienstleistungen erweitert werden.

Wachstum muss nicht unbedingt das schnelle Umsatzwachstum sein, das wir im Allgemeinen als Geschäftswachstum betrachten. Es könnte einfach der Prozess der Evolution sein. Wenn wir davon sprechen, dass Menschen als Teil eines Lernprozesses wachsen, meinen wir nicht das körperliche Wachstum, also das Wachsen größer oder dicker. Wir sprechen über inneres Wachstum oder Weiterentwicklung.

Viele Unternehmensberater sprechen davon, dass ein Unternehmen Systeme benötigt, damit es wachsen kann. Dies ist ein wichtiger Teil des Unternehmenswachstums, aber es macht nur einen Teil des Wachstumsprozesses aus. Stellen Sie sich ein Unternehmen mit allen erdenklichen Systemen, aber keinen Vertriebskanälen vor. Ich habe gesehen, dass dies bei einigen Unternehmen passiert ist.

Stellen Sie sich einen kleinen Laden an der Hauptstraße vor. Für dieses Unternehmen ist es schwierig, seine physische Größe ohne große Investitionen zu vergrößern (Erweiterung in die Ladeneinheit nebenan oder Erweiterung um mehrere Stockwerke).

Ein solches Wachstum birgt extrem hohe Risikofaktoren, da das Unternehmen sein Umsatzvolumen über Nacht verdoppeln muss, nur um die zusätzliche Fläche zu bezahlen. Ohne die virtuellen Online-Wachstumschancen für ein Einzelhandelsunternehmen zu berücksichtigen, ist es immer noch möglich, dass das Unternehmen wächst, ohne zusätzliche Flächen anzumieten, worauf wir in den späteren Kapiteln eingehen werden.

Was hast du also schon? Gehen wir das Wesentliche durch.

Das Geschäftsmodell

- Was ist Ihr Geschäftsmodell?
- Wie erreicht das Unternehmen seinen Kunden?
- Wie verdient das Unternehmen Geld?

Schauen wir uns als Beispiel ein typisches Geschäftsmodell einer Bäckerei an. Vielleicht backt die Bäckerei das Produkt in der Regel und liefert es dann an mehrere Wiederverkäufer oder vielleicht sogar an kleine Supermärkte. Es könnte mit jeder von den Wiederverkäufern verkauften Einheit Geld verdienen oder es könnte lediglich als Lieferant des Wiederverkäufers fungieren (wie ein Großhändler) und bei Lieferung bezahlt werden.

Ihr Geschäftsmodell umfasst den gesamten Geschäftsprozess von Anfang bis Ende. Es muss nicht einzigartig sein; Es gibt zahlreiche Nachahmerunternehmen, insbesondere in der Dienstleistungsbranche, und das ist in Ordnung. Es hat keinen Sinn, das Rad neu zu erfinden, wenn es funktioniert.

Kurz gesagt, um Ihr Geschäftsmodell zu kennen oder zu perfektionieren, müssen Sie Folgendes wissen:

- Wer sind Ihre Kunden?
- Wie schaffen Sie Mehrwert für diese Kunden?
- Wie erreichen Sie diese Kunden sowohl im Hinblick auf die Lieferung als auch auf den Verkauf?
- Wie verwalten Sie den Kunden?
- Wie verdienen Sie Geld und was sind Ihre Einnahmequellen?
- Welche Ressourcen benötigen Sie?
- Wann benötigen Sie diese Ressourcen?
- Wo benötigen Sie diese Ressourcen?

- Welche Systeme und Prozesse benötigen Sie, um diesen Prozess effizient durchzuführen?
- Wie versorgen Sie Ihr Unternehmen mit Ressourcen?
- Outsourcing, Partner oder? einfach das Personal direkt einstellen?
- Wie hoch sind Ihre direkten und indirekten Kosten?
- Was ist dein die Gewinnzone erreichen Punkt?
- Welche Gewinnspannen erzielen Sie und wie hoch sind die Gewinnspannen für jedes Produkt/jede Dienstleistung?
- Wie viel können Sie es sich leisten, Ihre Aufschläge im Falle eines Preiskampfes mit einem Konkurrenten zu reduzieren?

Das Warum

Warum haben Sie Ihr Unternehmen gegründet?

Warum sollte ein Kunde bei Ihnen kaufen und nicht bei einem Konkurrenten?

Dies könnte eine tiefere Bedeutung haben, als nur einen Kunden zu bedienen und dafür bezahlt zu werden. Vielleicht haben Sie Pläne, die Branche zum Besseren zu verändern.

Denken Sie über Ihre eigenen Leidenschaften nach. Wenn Sie mein erstes Buch der Reihe gelesen haben – *„SEED: Die 7 grundlegenden Schritte zur Gründung Ihres eigenen Unternehmens"*, Sie wissen, dass ich davon spreche, ein Unternehmen zu gründen, das auf Ihren Leidenschaften basiert. Ich möchte hinzufügen, dass diese Leidenschaften etwas sein sollten, mit dem man Geld verdienen kann, und man sollte das Unternehmen so positionieren, dass man seiner Leidenschaft nachgehen und trotzdem Geld verdienen kann.

Derselbe Ratschlag gilt auch hier. Wenn Ihnen Ihr Unternehmen oder die Gründe dafür nicht am

Herzen liegen, sollten Sie es ändern oder die Gründe dafür ändern. Am Ende haben Sie ein Unternehmen mit einer echten Mission, und Sie können Ihre Mitarbeiter dazu befähigen, sie täglich zu unterstützen und zu unterstützen.

Sie könnten die Regeln in diesem Buch befolgen und Ihr Unternehmen um das Zehnfache seiner derzeitigen Größe vergrößern. Aber ohne Leidenschaft oder ein „Warum" werden Sie sich wahrscheinlich leer fühlen.

Ich war selbst in dieser Situation und kenne einige andere Unternehmer, die das auch erlebt haben. Ich persönlich fühlte mich verloren und vermisste etwas in meinem Leben. Ohne Leidenschaft fühlt man sich nie wirklich vollständig, und vielen Geschäftsleuten geht es oft genauso: Oft gehen sie los, um materielle Dinge zu kaufen, in der Hoffnung, diese „Leere" im Inneren zu füllen, aber natürlich finden sie das fehlende Stück nie.

Als letzten Punkt in diesem Abschnitt können Sie Ihr „Warum" auch mit dem USP (Unique Selling Point) Ihres Unternehmens verknüpfen. Das ist genau der Grund, warum ein Kunde Sie gegenüber Ihren Konkurrenten bevorzugt.

Die Vertriebskanäle

Wie erreichen Sie aktuell Ihre Zielkunden, um Umsätze zu erzielen?

Welche Marketingtechniken nutzen Sie?

In diesem Abschnitt möchte ich, dass Sie Ihr Umsatzbuch der letzten zwölf Monate durchgehen. Versuchen Sie zu verstehen, woher jeder Kunde kam und wie er von Ihrem Unternehmen erfahren hat. Wenn Ihr Unternehmen dienstleistungsorientiert ist, sollte dies ziemlich einfach zu bewerkstelligen sein. Es könnte etwas schwieriger sein, wenn es sich bei Ihrem Unternehmen um einen Einzelhändler in der

Hauptstraße handelt. Möglicherweise müssen Sie ein wenig recherchieren oder jetzt damit beginnen, in den nächsten etwa zwölf Monaten zu überwachen, woher die Kunden kommen.

Ihre Recherchen könnten Sie zu einer überraschenden Entdeckung führen. Vielleicht haben Ihre Kunden Sie über eine Direktmailing-Kampagne, die von Ihnen gesponserte lokale Wohltätigkeitsveranstaltung oder über Ihre Website über eine Pay-per-Click-Anzeige bei Google gefunden.

Listen Sie sie alle auf. Wenn möglich, geben Sie an der Seite jedes Einzelnen die jeweiligen Kosten an. Nehmen wir zum Beispiel an, Sie haben auf einer Messe ausgestellt. Ihre Kosten beliefen sich auf 500 US-Dollar an Ausstellungsgebühren, 300 US-Dollar an Personalkosten und 200 US-Dollar an Broschüren. Ihre Gesamtkosten für die Ausstellung beliefen sich also auf 1.000 US-Dollar, wofür Sie durch die Veranstaltung 10 Kunden und vielleicht

100 Leads gewonnen haben. Sie können die Kosten auf 100 US-Dollar pro Kunde und 10 US-Dollar pro Lead herunterbrechen.

Stellen Sie in dieser Phase sicher, dass Sie alle direkten Arbeitskosten sowie andere Ausgaben, die Ihnen zu jedem Zeitpunkt entstanden sind, in Ihre Berechnungen einbeziehen. Es könnte berechnet werden, dass Sie 2.000 Leads mit sehr geringem Materialaufwand direkt verschickt haben, Ihre Mitarbeiter dafür jedoch 200 Stunden benötigten. Im Gegensatz dazu hatte eine Messe große „externe" Kosten, aber sehr niedrige „interne" Kosten.

Indem Sie den Faktor Arbeit in den Vordergrund stellen, erhalten Sie ein klareres Bild davon, wie Sie Ihr Unternehmen am besten ausbauen können.

An dieser Stelle ist es erwähnenswert, dass ein Lead, auch wenn er noch nicht zu einem Verkauf geführt hat, nicht abgetan werden sollte. Im Rahmen der Überwachung Ihrer Leads möchten Sie die Erfolgsraten pro Monat sehen, von der Einführung bis zum endgültigen Verkauf des Leads, und Sie müssen wissen, wie hoch der durchschnittliche Zeitrahmen für jede Aktivität ist, in die der Lead umgewandelt wird ein Verkauf. Sollten während des Prozesses Folgeaktivitäten anfallen, berücksichtigen Sie unbedingt auch die Kosten in Ihrer Analyse.

Unterschiedliche Aktivitäten können unterschiedliche Kosten pro Lead verursachen. Wir werden dies später im Buch besprechen.

Als nächstes müssen wir uns alle Ihre bestehenden Vertriebskanäle ansehen. Über einen Vertriebskanal erreichen Sie den Kunden.

Wenn Sie eine Anzeige in den Gelben Seiten schalten, ist das Ihr Vertriebskanal.

Wenn jemand Ihr Unternehmen regelmäßig neuen Kunden vorstellt, ist das Ihr Vertriebskanal. Vielleicht haben Sie mehrere Partner oder Vermittler? Vielleicht bezieht sich jemand inoffiziell auf viele Geschäfte in Ihrer Art. Wenn möglich, listen Sie all dies auf, zusammen mit den gemessenen Ergebnissen, den jeweils angefallenen Kosten, der Anzahl der Leads, der Anzahl der gewonnenen Kunden usw. Grundsätzlich müssen Sie an dieser Stelle so viele Daten wie möglich für die Analyse sammeln, damit wir sie haben die später verfügbaren Informationen.

Das Team

Wenn Sie mein erstes Buch dieser Reihe lesen, wissen Sie, wie wichtig es ist, die eigenen Stärken zu kennen. Ebenso wichtig ist es, die Stärken und Schwächen Ihres Teams zu kennen.

Wenn Sie Ihr Unternehmen ausbauen, liegt der Schwerpunkt weniger auf Ihnen persönlich, sondern mehr auf Ihrem Team. Sie werden Ihr Geschäft nicht ausbauen können, wenn es auf Ihre Anwesenheit angewiesen ist. Daher müssen Sie Ihre Präsenz so bald wie möglich reduzieren.

Versuchen Sie, sich schrittweise zu entfernen. Entfernen Sie sich zunächst von den praktischen Aufgaben, beispielsweise dem täglichen Service oder der Produktlieferung. In einem Bauunternehmen wäre dies der Bauarbeiter, Zimmermann, Hilfsarbeiter usw., in einem Hotelbetrieb wären es der Koch, das Hausmädchen, die Rezeptionistin und das Restaurantpersonal. Praktische Rollen sind die Kernrollen, für deren Ausführung das Unternehmen bezahlt wird.

Um sich selbst zu entfernen, brauchen Sie gute Mitarbeiter, die wissen, was zu tun ist und wissen, wie Sie es gerne tun.

Hier ist Vorsicht geboten: Wenn Sie mein Buch als Angestellter im oberen Management lesen und den Ehrgeiz haben, Ihren Wert unter Beweis zu stellen und das Geschäft Ihres Arbeitgebers auszubauen, könnte ein Rückzug aus dem Unternehmen aus offensichtlichen Gründen in der Zukunft katastrophale Folgen für Sie haben. Das Geschäft Ihres Arbeitgebers kann ein erhebliches Wachstum verzeichnen. An diesem Punkt werden Sie wahrscheinlich eine Gehaltserhöhung oder eine Prämie für all Ihre harte Arbeit verlangen. Bevor Sie dies tun, bedenken Sie Folgendes: Ihr Arbeitgeber verfügt jetzt über ein perfekt laufendes Unternehmen, ein Wachstum, das von allen bemerkt wird, aber Sie brauchen Ihre Rolle nicht mehr, da Sie sich im Wesentlichen aus dem Unternehmen zurückgezogen haben.

Erhalten Sie eine Gehaltserhöhung? Oder wird Ihr Gehalt jetzt als zusätzliche Ausgabe für das Unternehmen ausgelegt? Mein Rat an Sie als Arbeitnehmer ist, dieses Buch an Ihren Arbeitgeber weiterzugeben oder ein eigenes Unternehmen zu gründen. Wenn Sie sich für Ersteres entscheiden, ist es die beste Strategie, sich als zukünftiger Unternehmensführer zu positionieren. Wenn Sie sich für Letzteres entscheiden, wird Ihnen mein erstes Buch der Reihe den Einstieg erleichtern.

Nachdem Sie sich aus der praktischen Rolle zurückgezogen haben, entfernen Sie sich auch aus der Vertriebsfunktion, wenn Sie daran beteiligt sind – vorausgesetzt, dass die Servicebereitstellung und der Verkaufsprozess getrennt durchgeführt werden. Dazu benötigen Sie gute Vertriebskanäle. Dazu kann ein gutes Verkaufsteam gehören. Oder ein Hotel kann zum Beispiel Buchungsagenturen und Online-Buchungssysteme einbinden, die es überflüssig machen, Hotelbuchungen vor Ort entgegenzunehmen. Durch den Einsatz der richtigen Technologien oder Partner können Sie

Ihren Zeitaufwand minimieren und sich auf andere Geschäftsbereiche konzentrieren.

Schließlich ziehen Sie sich aus dem Tagesgeschäft zurück, sei es bei der Aufgabenüberwachung oder im weiteren Management. Wenn das Unternehmen wächst, können Sie erfahrenere Leute in Führungspositionen/mittlerem Management/leitendem Management einstellen. Realistisch gesehen können diese Positionen die meisten Rollen wahrscheinlich sowieso besser erfüllen als Sie.

Denken Sie daran, dass Ihr Team die Stärke Ihres Unternehmens ist und dass für jede Art von Rolle Spezialisten zur Verfügung stehen.

Sie sind vielleicht der Gründer eines Unternehmens, aber das macht Sie nicht automatisch besser darin, eine bestimmte Aufgabe zu erfüllen als jemand, der diese Aufgabe seit 40 Jahren jeden Tag seiner Karriere erledigt, und möglicherweise einer der Besten Ihrer Branche ist. Wenn Sie Ihre Stärken kennen, können Sie Ihr Team um sich herum aufbauen, um Ihre eigenen Stärken zu ergänzen.

Listen Sie jedes Teammitglied einzeln nach Name, Standort, Qualifikationen, Rollen, Erfahrung und den Rollen auf, für die es Ihrer Meinung nach am besten geeignet ist. Lassen Sie sie als nächstes den Persönlichkeitsprofiltest machen, den ich Ihnen in meinem ersten Buch gezeigt habe. Es ist kostenlos und wird ihnen helfen und Ihnen dabei helfen, ihre Stärken und Schwächen zu verstehen.

Gehen Sie dazu auf www.geniusu.com. Der Test ist kostenlos und dauert nur 2 Minuten.

An dieser Stelle würde ich, falls Sie es noch nicht getan haben, die Lektüre meines ersten Buches der Reihe empfehlen. Es wird Ihnen helfen, Ihre eigene

Persönlichkeit zu verstehen und Ihnen die Werkzeuge und Ihre persönliche Strategie zur Entwicklung Ihres Unternehmens an die Hand zu geben, zusammen mit der Schlüsselrolle, die Sie bei der Weiterentwicklung des Unternehmens spielen sollten.

Wir werden später in diesem Buch darüber sprechen, was die Ergebnisse für Ihr Team bedeuten. Notieren Sie sich vorerst jedoch die Ergebnisse für jedes Ihrer Teammitglieder. Sie können jeden Ihrer Mitarbeiter ermutigen, sich auch die begleitenden Videos anzusehen.

Wenn Sie mit mehreren Partnern zusammenarbeiten und sich in bestimmten Bereichen Ihres Unternehmens auf diese verlassen, lassen Sie auch diese den Test absolvieren. Es ist wichtig, das gesamte Team zu verstehen und zu verstehen, wie es hineinpassen könnte. Ihr

Unternehmen wird nur so stark sein wie das schwächste Mitglied Ihres Teams.

Wenn Sie Zeit und Geld in die Entwicklung Ihres internen Teams auf hohem Niveau investieren, Ihr Partner und Ihr externes Team jedoch nicht dasselbe tun, könnte sich dies nachteilig auf Ihren eigenen Geschäftserfolg auswirken. Denn wenn diese externen Partner tatsächlich Teil Ihres internen Personals wären, würden Sie in sie investieren, um sie auf den gleichen Standard wie alle anderen zu bringen.

Die Systeme

Welche Systeme haben Sie bereits?

Verfügen Sie über schriftliche Verfahren?

Wie können Mitarbeiter wissen, wie sie eine bestimmte Aufgabe erledigen und sie gleich beim ersten Mal richtig machen, um den Erwartungen von Ihnen und Ihren Kunden perfekt zu entsprechen?

Wie überprüfen, testen und auditieren Sie bestehende Systeme oder Verfahren?

Wenn Sie nichts zur Kontrolle Ihres Prozesses haben, können Sie Ihren Mitarbeitern dann wirklich die Schuld geben, wenn sie etwas falsch machen?

Der menschliche Faktor ist die häufigste Ursache für geschäftliches Scheitern. Keine zwei Menschen denken oder interpretieren auf die gleiche Weise. Das „Perfekte" einer Person ist das „Mittelmäßig" einer anderen Person. Erklären Sie Dinge bis ins kleinste Detail, schreiben Sie sie auf, nehmen Sie sie auf Video auf, erklären Sie sie noch einmal, üben Sie sie immer wieder, testen Sie sie und verbessern Sie dann alle Bereiche, in denen Sie Schwächen oder Missverständnisse haben. So funktioniert ein System. Sie fangen klein an und erweitern das System nach außen, bis es alle Bereiche Ihres Unternehmens abdeckt.

Viele Menschen assoziieren Systeme mit IT-Software oder -Technologie. Das ist eine falsche Assoziation. Technologie macht Ihr System und Ihre Verfahren lediglich effizienter. Es ist durchaus möglich, Ihre Systeme auf der Grundlage bestehender Technologie und Software aufzubauen, aber selbst wenn Sie Software als Teil Ihrer Systeme haben, muss der Mensch diese Technologie dennoch effektiv nutzen, sonst ist sie ineffektiv und eine teure Zeit- und Geldverschwendung. Stellen Sie sicher, dass es auch Verfahren für den Einsatz von Technologie gibt.

Der beste Weg, um zu wissen, was Sie bereits haben, besteht darin, über jede von Ihnen ausgeführte Aufgabe nachzudenken, sie in numerischer Reihenfolge aufzulisten und dann zu prüfen, ob Sie über ein schriftliches und getestetes Verfahren verfügen, um jede Aufgabe oder jeden Prozess abzudecken.

Eine andere Möglichkeit besteht darin, nach gemeinsamen Beschwerde- oder Problembereichen im Unternehmen zu suchen. Dies sind normalerweise Bereiche, in denen Sie die meiste Zeit mit der Brandbekämpfung oder der Behebung von Problemen verbringen. Es können auch Bereiche sein, über die sich Mitarbeiter und/oder Kunden beschweren.

Während Sie im Unternehmen die einzelnen Probleme beheben, wird Ihr Leben einfacher und Ihre Mitarbeiter und Kunden werden immer zufriedener mit Ihnen sein.

Auf diese Weise verstehen Sie besser, was getan werden muss, um das Geschäft als nächstes zu verbessern, und erhalten eine To-do-Aufgabenliste, der Sie dann Ihre Zeit zuordnen können. Das nennt man „Arbeiten". *An* das Geschäft, funktioniert nicht *In* das Geschäft.

Systemverbesserung ist ein fortlaufender Prozess des Testens, Messens und Verbesserns; Machen Sie sich keine Sorgen, wenn es zu diesem Zeitpunkt noch nicht perfekt sein wird.

Was ist Ihre Strategie?

Was ist Ihre Wachstumsstrategie?

Falls Ihnen bei der Lektüre des Buches bisher noch nicht klar geworden ist: Um ein nachhaltiges Wachstum Ihres Unternehmens zu erreichen, benötigen Sie mehrere Teile Ihres Wachstumspuzzles, die jedoch alle gleichzeitig und während der Arbeit umgesetzt werden müssen Ausrichtung zueinander. Stellen Sie sich das Bild eines Zirkusclowns vor, der Teller in der Luft dreht!

Okay, hier sind die Teile dieses Wachstumspuzzles. Du brauchst:

Vision: Wohin willst du gehen?

Strategie: Wie wirst du es bekommen?

Ein gutes Geschäftsmodell: Ist es skalierbar und bringt es im großen Maßstab Geld?

Ein Grund: Warum tust du das?

Mehrere Vertriebskanäle: DonVerlassen Sie sich nicht darauf, dass eine Person Sie ernährt.

Rklar Tihr, Rklar Sisst: WirWir spielen hier keine Musikstühle

Der Rklar SSysteme: Konsistenz jedes Mal

Stark Cashflow: Bargeld ist Sauerstoff für das Unternehmen

Investition: Sowohl finanziell als auch mit Ihrem eigenen Herz und Ihrer Seele, die Sie in das Unternehmen investieren. Wenn Sie andere in Ihrem Team haben, die ebenfalls ihr Herz und ihre Seele in das Unternehmen investieren, sind Sie auf der Gewinnerseite.

Vision

Wissen Sie, wie groß Ihr Unternehmen werden soll?

Ist es ein erreichbares und realistisches Ziel?

Kann aus einem Zwei-Personen-Unternehmen ein globales Unternehmen werden? Ja, es ist erreichbar, aber verfügen Sie über alle Teile Ihres Wachstumspuzzles, um dies zu erreichen? Die Weiterentwicklung eines Zwei-Personen-Unternehmens zu einem globalen Unternehmen erfordert erhebliche Änderungen sowohl an Ihrem bisherigen Geschäftsmodell als auch an Ihrer Denkweise. Haben die Gründer von

Google mit der Absicht gegründet, immer nur sie selbst zu sein, oder haben sie mit der Absicht begonnen, das Unternehmen mit Tausenden von Mitarbeitern auf der ganzen Welt zu beschäftigen?

Das ist Ihre Vision. Zeichnen Sie ein Bild davon, wie Sie die Zukunft sehen, wenn Sie Ihre Vision erreicht haben. Wie wird die Zukunft wirklich aussehen? Wie wird es sich anfühlen? Stellen Sie es sich bis ins kleinste Detail vor. Der einfachste Weg, dies zu tun, besteht darin, darüber nachzudenken, wie Ihr Leben in zehn Jahren aussehen soll, und dann darüber nachzudenken, wie Ihr Unternehmen aussehen würde, um dieses Leben für Sie zu schaffen. In dieser Phase geht es darum, in Ihre Zeitmaschine einzusteigen und sich vorzustellen, Ihr Leben in zehn Jahren zu leben.

Wenn Sie möchten, dass es ein landesweites Unternehmen wird, sagen Sie nicht einfach: „Ich möchte, dass es landesweit ist." Sei genau. Es geht nicht darum, ob Ihre Vision realisierbar ist oder nicht. Es geht darum, Fortschritte messen zu können. Wenn Sie es messen können, ist die Wahrscheinlichkeit, dass Sie es erreichen, viel größer. Ein Beispiel: Sie könnten sagen: „Ich möchte zwanzig Mitarbeiter in jedem Bundesstaat haben." Sie können jedoch konkreter werden, indem Sie sagen: „Ich möchte zehn Mitarbeiter in New York City, fünf Mitarbeiter in Syracuse und fünf Mitarbeiter in Buffalo." Befolgen Sie dann diese Vorgehensweise für jeden Bundesstaat.

Je konkreter Sie Ihre Vision formulieren können, desto einfacher wird es, Ihre Ziele zu erreichen. Es müssen nicht nur Personalzahlen sein. Es kann sich auch um Verkaufsvolumen, Präsenz, Gewinnniveau, Fahrzeugnummern, Verträge, Einzelhandelsgeschäfte, Kundenzahlen, Leads usw. handeln.

Ein weiteres Beispiel könnte die Verwendung von Verkaufszahlen sein. Anstatt zu sagen: „Ich möchte 2.000 Kunden", beschreiben Sie, wie sich das zusammensetzt. Beispielsweise könnten Sie 1.200

Kunden in New York City, 300 in Syracuse und 500 in Buffalo haben, oder es könnte weiter auf die einzelnen Bundesstaaten aufgeschlüsselt werden. Wenn Sie noch einen Schritt weiter gehen: Wenn Sie auf Postleitzahlendaten zugreifen können, können Sie die Zahlen nach Postleitzahlen aufschlüsseln. Wenn Sie wissen, dass Sie 50 zusätzliche Kunden in Buffalo gewinnen möchten, teilen Sie diese Stadt in Postleitzahlen auf. In Buffalo gibt es 20 Postleitzahlen, was bedeutet, dass Sie in jeder Postleitzahl nur etwas mehr als 2 Kunden benötigen. Klingt dieses Ziel nicht viel einfacher zu erreichen? Solange Sie es messen können, können Sie es wahrscheinlich erreichen.

Der letzte Schritt im Visionsprozess besteht darin, Ihre langfristige Zehnjahresvision aufzuschlüsseln und sich zu fragen, wie sie an verschiedenen Punkten dieser Zeitachse aussehen könnte. Ich persönlich hätte gerne eine Zehn-Jahres-Vision, aufgeteilt in eine Drei-Jahres-Vision und dann eine Ein-Jahres-Vision. Wenn Sie in die nächste Phase eintreten, ist es am besten, einen weiteren Schritt zu machen und zu überlegen, wie es am Ende des nächsten Quartals aussieht. So erhalten Sie eine Vorstellung davon, wie das Leben in drei Monaten aussehen wird. Hoffentlich können Sie jetzt einen klaren Weg erkennen, wie Ihr Leben auf jeder Vision aufbauen wird, bis Sie diesen Endpunkt erreichen.

Die Wahrscheinlichkeit ist groß, dass Sie Ihre Vision in diesem Zeitrahmen nicht erreichen werden. Es könnte etwas länger dauern, aber wenn Sie diesem Weg folgen, wird die Absicht festgelegt, wie die Dinge aussehen sollen, und wenn Sie in zehn Jahren zurückblicken, Sie werden eine gewaltige Veränderung in Ihrem Leben im Vergleich zu „damals" feststellen.

Wie werden Sie es erreichen?

Dies ist der Abschnitt „Wie". Sie wissen, was Sie erreichen wollen. Jetzt benötigen Sie eine Straßenkarte, um dorthin zu gelangen.

Der beste Weg, diesen Prozess zu starten, besteht darin, sich vorzustellen, dass Sie es bereits erreicht haben, und Ihre Schritte in sehr kleine Aufgaben aufzuteilen. Stellen Sie sich vor, wie Sie in der Zukunft zurückblicken. Was waren die wichtigsten Dinge, die einen großen Einfluss auf den Weg hatten, auf dem Sie heute Ihr Ziel erreicht haben? Eine gute Übung dazu besteht darin, über etwas nachzudenken, das Sie in Ihrem Leben bereits erreicht haben, dann zurückzublicken und über die drei oder vier Dinge nachzudenken, die Sie getan haben, um diese Dinge zu erreichen.

Beispiel

Betrachten wir Ihr Ziel vor zehn Jahren, das vielleicht darin bestand, ein eigenes Unternehmen zu gründen. Wahrscheinlich haben Sie auf Ihrem Weg eine Handvoll hochrangiger Meilensteine erreicht, die Sie dahin gebracht haben, wo Sie heute sind. Sie könnten sein:

1. Sie haben eine Qualifikation in der Art der Dienstleistung erworben, die das Unternehmen anbietet
2. Sie haben bei einem früheren Arbeitgeber besondere Erfahrungen gesammelt
3. Sie haben eine Beziehung zu einem wichtigen Kunden aufgebaut, die Ihnen den Einstieg ermöglicht hat
4. Sie sind auf die ersten zehn Kunden angewachsen
5. Sie haben Ihren ersten Mitarbeiter eingestellt

6. Sie haben für Ihre Dienstleistung eine Akkreditierung vom Branchenverband erhalten
7. Sie haben Ihren ersten Großauftrag erhalten und benötigen drei Vollzeitkräfte

Bei jedem dieser sieben Hauptmeilensteine wissen Sie, dass Sie viele kleinere Aufgaben erledigen mussten, um jeden Meilenstein zu erreichen.

Durch Ihre Arbeit in den früheren Kapiteln (Sammeln von Kundendaten, Aufzeichnen von Zeitplänen des Verkaufsprozesses usw.) haben Sie ein klareres Verständnis davon, was Sie tun müssen. Wiederholen Sie diese vorherigen Aktionen auf geplante Weise, um kleine Meilensteine zu setzen. Durch die Aufteilung in diese kleinen Schritte können Sie sehen, wo sich Meilensteine auf einer Zeitachse befinden und welche Prozesse von anderen Aufgaben abhängig sind.

Wenn Sie schon einmal im Projektmanagement tätig waren, sollte dieser Prozess recht einfach sein, da er denselben Prinzipien folgt. Wenn Sie weitere Mitarbeiter haben und es möglich ist, deren tägliche Arbeit zum Erreichen Ihrer Meilensteine zu nutzen, werden Sie Ihre Vision viel schneller erreichen. Auch Ihr Team wird das Gefühl haben, Teil des Prozesses und Ihrer Geschäftsgeschichte zu sein. Menschen fühlen sich gerne als Teil einer Reise, also nutzen Sie das zu Ihrem Vorteil.

Schauen wir uns ein Beispiel für ein Dienstleistungsunternehmen an:

Bestehendes Unternehmen: Ein kleines Dienstleistungsunternehmen mit zwei Mitarbeitern und dem Eigentümer, das mit drei Servicefahrzeugen operiert.

Drei-Jahres-Vision: 100 Kunden in jeder der drei weiteren neuen Städte. Dies lässt sich auf die jährliche Eröffnung einer neuen Stadt reduzieren, bis Sie das Dreijahresziel erreicht haben.

Meilensteine:

Der erste Schritt besteht darin, dies nach Städten aufzuschlüsseln. Wir möchten uns zunächst auf eine einzelne Stadt konzentrieren, vorausgesetzt, wir haben nicht die Ressourcen, um gleichzeitig in weitere Städte vorzudringen.

Was sollten wir tun, um uns darauf zu konzentrieren, in die ausgewählte Stadt zu gelangen? Persönlich würde ich die nächstgelegene Nachbarstadt wählen, da dort die Ressourcen einfacher und kostengünstiger zu finden sind. Sie werden nicht über Nacht viele Aufträge erhalten, daher müssen Sie diese auf das vorhandene Personal zurückgreifen.

Wer ist Ihr Kunde? Identifizieren Sie alle möglichen Kunden, identifizieren Sie nach Möglichkeit Nischen und informieren Sie sie alle über Ihre Pläne. Informieren Sie auch Ihre bestehenden Kunden über Ihre Pläne. Möglicherweise stellen Sie fest, dass bestehende Kunden in benachbarten Gebieten präsent sind oder vielleicht Leute in ihrer Branche kennen und diese möglicherweise an Sie verweisen. Der nächste Meilenstein sollte die Sicherung Ihres ersten Vertrags im neuen Gebiet sein.

Als Nächstes möchten Sie Ihre Vertriebskanäle in diesem Bereich erweitern. Denken Sie daran, dass Sie für den neuen Standort Ressourcen aus Ihrem bestehenden Betrieb beziehen und daher möglicherweise in ein oder zwei zusätzliche Mitarbeiter investieren müssen, da Sie sonst das Risiko eingehen, Ihre bestehenden Kunden zu verlieren. Ihre Strategie sollte einen Plan zur Beibehaltung und zum Ausbau Ihres bestehenden

Standorts beinhaltenAndernfalls tauschen Sie am Ende einfach Ihren bestehenden Standort gegen einen neuen Standort aus.

Der nächste Meilenstein wird darin bestehen, Ihre ersten 10 Kunden zu gewinnen (oder welche Messkriterien Sie auch immer verwenden).

Wachsen Sie immer wieder neu CKundennummern wie diese. Ihr nächster Meilenstein wird darin bestehen, Ihre ersten 30 Kunden zu gewinnen.

Wenn Sie den Meilenstein der Eroberung der ersten Stadt erreicht haben, wissen Sie, welchen Prozess Sie durchgeführt haben, und Sie sollten ihn kopieren oder optimieren können, um ihn bei der Entwicklung Ihrer zweiten neuen Stadt zu verbessern. Achten Sie bei diesem Prozess stets darauf, bestehende Kunden zu binden und Ihren bestehenden Betrieb weiter auszubauen, sowohl am ursprünglichen Standort als auch in Ihrer ersten neuen Stadt.

Denken Sie daran: Ein Unternehmen, das nicht wächst, ist ein Unternehmen, das im Sterben liegt.

Eine Möglichkeit, Ihr Wachstum zu steuern, besteht darin, geeignetes Personal einzustellen, das sich entweder auf das bestehende Geschäft oder das Wachstum des Unternehmens konzentriert. In jedem Fall sollte sich der Unternehmensinhaber dann auf den anderen Teil des Unternehmens konzentrieren, sei es das Wachstum oder das bestehende Geschäft. Dadurch haben Sie die Freiheit, sich auf einen Bereich des Unternehmens zu konzentrieren, und wenn das Unternehmen wächst, werden Sie feststellen, dass irgendwann etwas kaputt geht und Sie möglicherweise alles verlieren, wenn Sie sich zu sehr anstrengen.

Hier ist es hilfreich, Ihren Persönlichkeitstyp zu kennen. Suchen zurück zum Profiling-System, dF dein Wenn die Persönlichkeitsstärke das Dynamo- oder Blaze-Profil ist, sollten Sie sich auf das Wachstumsprojekt konzentrieren. Wenn Sie über das Tempo- oder Steel-Profil verfügen, sollten Sie sich auf Ihr bestehendes Geschäft konzentrieren und jemand anderen in Ihrem Team (vorzugsweise jemanden mit Dynamo- oder Blaze-Profil) auf das Wachstumsprojekt konzentrieren.

Nachdem Sie Meilensteine zur Verwirklichung Ihrer Vision festgelegt haben, müssen Sie für jede Stadt erreichbare und realistische Zeitpläne festlegen. Normalerweise unterteile ich den detaillierten Abschnitt in Monate und den weiteren Abschnitt in Quartale oder Jahre. Arbeiten Sie mit Ihrem Team zusammen und nutzen Sie alle Persönlichkeitstypen, um realistische Zeitpläne zu erstellen „Optimistischer Erfolg' „Pessimistischer Erfolg', Und „Durchschnitt SErfolgSzenario Tags als Ihr Framework.

In diesem Beispiel lassen Sie jedes Ihrer Teammitglieder anhand der drei oben aufgeführten Tags bestimmen, wie lange es seiner Meinung nach dauern wird, bis jedes Ziel erreicht ist. Schreiben Sie sie in eine Tabelle unter jeder Überschrift. Dann mitteln Sie die Zeitskalen für jeden. Optimistischer Erfolg könnte zum Beispiel 4 Wochen, 5 Wochen, 6 Wochen haben. In diesem Fall würden Sie sagen dein Der optimistischste Zeitrahmen liegt bei etwa 5 Wochen. Machen Sie dasselbe für den pessimistischen Erfolg.

Für ADurchschnitt SUm erfolgreich zu sein, nehmen Sie die Ergebnisse sowohl optimistischer als auch pessimistischer Schätzungen und ermitteln Sie den Durchschnitt zwischen beiden. Dies ist der Zeitrahmen, auf dem Sie Ihren Plan basieren sollten.

Die Wahrscheinlichkeit ist groß, dass sich die Dinge mit dem Wachstum Ihres Unternehmens viel schneller entwickeln als ursprünglich erwartet, da einige Aufgaben für Sie und Ihr Team allmählich selbstverständlicher werden. Was ich in unseren eigenen Unternehmen gesehen habe, ist, dass die Dinge langsam beginnen und dann an Dynamik gewinnen, ein bisschen wie ein Schneeballeffekt. Daher sieht es zunächst nicht so aus, als würden Sie große Fortschritte machen, aber Mit der Zeit scheint alles einfach zusammenzupassen.

Wenn wir die Meilensteine und Zeitpläne kennen, können wir richtig planen, wie wir jeden einzelnen erreichen. Teilen Sie hierzu einfach jeden Meilenstein in kleine Aufgaben auf. Wenn Sie Mitarbeiter haben, die Sie für die Aufgabe einsetzen können, weisen Sie diesen Teammitgliedern die Verantwortung für diese Aufgaben zu und überlassen Sie ihnen die Verantwortung für die Aufgabe.

Legen Sie im Einklang mit Ihren Meilensteinen für jeden Meilenstein Ziele für Umsatz- und Gewinnwerte fest. Denken Sie daran, dass Sie Ihre Ziele viel schneller erreichen können, wenn Sie sich an Ihren Erfolgskriterien messen können.

Strategie

Es gibt eine Reihe von Wegen, die Sie einschlagen können, um Ihre Vision zu verwirklichen. Dazu können Folgendes gehören:

- Steigern Sie den Umsatz in Ihrem Bestand Produktangebote
- Fügen Sie eine neue kostenlose Servicelinie/Produktlinie hinzu
- Steigern Sie den Gewinn statt den Umsatz
- Kaufen Sie ein Unternehmen
- Kaufen Sie ein Franchise
- Lizenzierung

Wir werden über jeden einzeln sprechen.

Steigern Sie den Umsatz in Ihrem Bestand Produktangebote
- Ziehen Sie mehr lokale Kunden an
- Verkaufen Sie an alle bisherigen Leads
- Verbessern Sie die Verkaufsumsätze
- Öffnen Sie einen neuen Standort

- Erweitern Sie die Vertriebskanäle

Durch die Verwendung Ihrer zuvor gemessenen Daten wissen Sie, wer Ihre Kunden sind und woher sie kommen. Wenn Sie beispielsweise wissen, dass Sie 40 % Ihrer Anfragen über Anzeigen in einer bestimmten Zeitschrift erhalten, sollten Sie die Werbung in dieser oder ähnlichen Zeitschriften erhöhen.

Bei näherer Betrachtung stellt man jedoch fest, dass nur 1 % dieser Anfragen zu einem Verkauf führt. Mit dieser Art von Analyse können Sie vermuten, dass diese Werbung entweder Zeit- und Geldverschwendung ist, dass diese Zielgruppe nicht für Ihr Unternehmen geeignet ist oder dass Sie in der Werbung die falsche Botschaft vermitteln, was zu geringen Umsatzumsätzen führt Tarife.

Fügen Sie eine neue kostenlose Service-/Produktlinie hinzu

- Identifizieren Sie, was Ihre Konkurrenten verkaufen, was Sie nicht tun
- Über welche Fähigkeiten verfügt Ihr Team?

- Welche ähnlichen Produkte/Dienstleistungen kaufen Ihre Kunden?
- Werden sie bei Ihnen kaufen, wenn Sie das Produkt/die Dienstleistung zu Ihrem bestehenden Angebot hinzufügen?

Dies ist eine Strategie, die ich in unseren eigenen Unternehmen häufig angewendet habe. Meine natürliche Fähigkeit besteht darin, neue Produktangebote zu erstellen und zu verpacken. Als wir vor vielen Jahren unser Elektro- und Maschinenbau-Vertragsunternehmen gründeten, begann es mit der Bereitstellung grundlegender Elektro-Vertragsdienstleistungen. Im Laufe der Zeit haben wir neue Spezialproduktangebote geschaffen, darunter eine Abteilung für Brandschutz und Sicherheit, eine Abteilung für Elektrogeräte, eine Abteilung für Daten und Telekommunikation, eine Abteilung für audiovisuelle Medien und eine Abteilung für Smart-Home-Automatisierung. Hierbei handelte es sich alles um Produkte und Dienstleistungen, die unsere bestehenden Kunden bereits von anderen

Unternehmen kauften. Indem wir sie selbst bereitstellten, bedeutete dies, dass wir zum „One-Stop-Shop" für alles wurden, was sie brauchten.

Steigern Sie den Gewinn statt den Umsatz

- Reduzieren Sie die Gemeinkosten
- Reduzieren Sie die Lieferkosten
- Suchen Sie nach Effizienzeinsparungen
- Steigern Sie die Verkaufskonversionen
- Gezieltes Marketing, das nur auf den besten gemessenen Ergebnissen basiert
- Einführung oder Verbesserung von Systemen
- Outsourcing von nicht zum Kerngeschäft gehörenden Aktivitäten
- Konzentrieren Sie sich nur auf die profitabelsten Aktivitäten (80 % des Gewinns werden normalerweise von nur 20 % der Kunden erzielt)
- Arbeiten Sie mit anderen ähnlichen Unternehmen zusammen
- Addieren Sie 5–10 % zu Ihren Verkaufspreisen.

Es besteht eine hohe Wahrscheinlichkeit, dass einige Aktivitäten oder Produktangebote Ihrem Unternehmen Geld kosten oder zumindest nicht so profitabel sind wie andere Geschäftsbereiche. Das Problem besteht darin, dass Sie, ohne dies zu wissen, weiterhin alle Bereiche des Unternehmens gleichermaßen ernähren.

Für ein Produktangebot ist möglicherweise die Rekrutierung zusätzlicher Mitarbeiter erforderlich. Daher investieren Sie in die Investition, um dies zu erreichen. Nachdem Sie jedoch analysiert haben, woher der Gewinn kommt, stellen Sie fest, dass die Bereiche, in die Sie stark investiert haben, gerade noch die Gewinnschwelle erreichen.

Indem Sie Ihre gemessene Analyse von früher verwenden, werden Sie genau sehen, woher Ihre bestehenden Gewinne kommen, wo Sie Optimierungen vornehmen und was Sie einsparen können, ohne Ihrem Unternehmen zu schaden und gleichzeitig die Gewinnmargen zu verbessern. Bei der Gewinnsteigerung geht es nicht nur darum, die Preise zu erhöhen. Wenn Sie Ihre Kosten um 10 % senken und 10 % auf Ihren Verkaufspreis aufschlagen können, erzielen Sie tatsächlich mehr als 20 % zusätzlichen Gewinn bei relativ geringem Arbeitsaufwand.

Scheuen Sie sich nicht, Ihre Verkaufspreise um eine kleine Preiserhöhung zu erhöhen. Wird Ihr Kunde überhaupt eine Preiserhöhung von 5–10 % bemerken? Schauen wir uns mein Beispiel unten an, um zu veranschaulichen, was ich meine.

Vorwachstum

Verkäufe	100.000 $
Kosten	80.000 $ (80 %)
Reingewinn	20.000 $ (20 %)

Post-Wachstum – 10 % Verkaufspreiserhöhung, 10 % Kostensenkung

    Verkäufe   110.000 $

    Kosten   72.000 $

    Reingewinn   38.000 $ (34,5 %)

Im Beispiel sind wir von einem Nettogewinnwert von 20 % auf einen Nettogewinnwert von 34,5 % gestiegen. In Wirklichkeit haben Sie Ihr Endergebnis fast verdoppelt.

Kaufen Sie ein Unternehmen

- Kauf eines lokalen Konkurrenten
- Kauf eines lokalen kostenlosen Unternehmens
- Kauf eines Konkurrenten in einem anderen Bereich
- Kauf eines kostenlosen Unternehmens in einem anderen Bereich

Der Kauf eines Unternehmens kann, wenn es richtig gemacht wird, eine der einfachsten und schnellsten Möglichkeiten sein, Ihr Unternehmen auszubauen. Wenn Sie ein Konkurrenzunternehmen kaufen würden, würden Sie effektiv viel mehr Kunden gewinnen, aber auch Personal und einen über die Jahre aufgebauten Goodwill. Außerdem reduzieren Sie die Anzahl der Konkurrenten, gegen die Sie antreten. Es gibt verschiedene Möglichkeiten, dies zu erreichen, und Sie möchten vielleicht, dass beide Unternehmen unter getrennten Marken agieren, indem Sie vielleicht eines am oberen Ende des Marktes positionieren, während sich das andere auf das andere Ende des Marktes konzentriert.

Wenn Sie ein Unternehmen kaufen, müssen Sie auf Risiken achten, wenn dies Ihre Strategie ist, und jede Unternehmensakquisitionsstrategie sollte sorgfältig geprüft werden, um sie mit Ihren Geschäftszielen in Einklang zu bringen.
Eine ähnliche Option kann die Fusion mit einem Unternehmen sein, bei dem Ihrer Meinung nach eine Interessengemeinschaft besteht.
Unternehmensakquisitionen sind etwas, an dem

wir viel arbeiten, und da die Babyboomer-Generation 70 % aller Unternehmensinhaber ausmacht, bedeutet das, dass viele Menschen darauf hoffen, bis 2035 in den Ruhestand zu gehen.

Kaufen Sie eine Franchise

Beim Kauf einer Franchise erwerben Sie die Rechte zur Nutzung der Markenbekanntheit einer anderen Person, vielleicht sogar einiger Kunden, zusätzlicher Servicelinien, Marktnischen, eines Systems zur Produktlieferung usw. Das bedeutet, dass Sie effektiv zwei Unternehmen betreiben, mit möglicherweise doppeltem Marketingaufwand kosten. Wenn es in Ihrem lokalen Markt zehn Player gibt und Sie zwei davon besitzen, haben Sie theoretisch doppelt so viel Wachstumspotenzial wie jeder Ihrer Konkurrenten. Ein weiterer Grund für den Kauf einer Franchise besteht darin, einen anderen Kundentyp zu erreichen.

Viele nationale Unternehmen entscheiden sich beispielsweise dafür, nicht bei kleineren lokalen Lieferanten einzukaufen, sondern sich für einen Lieferanten mit landesweiter Präsenz zu entscheiden. Hier kann ein Franchise-Unternehmen eine kluge Strategie sein.

Lizenzierung

Lizenzierung bedeutet, dass ein Unternehmen einem anderen Unternehmen das ausschließliche Recht einräumt, sein Produkt oder seine Dienstleistung in einem bestimmten geografischen Gebiet zu vertreiben. Dies ist dem Franchising sehr ähnlich, wird jedoch häufiger mit physischen Produkten als mit Dienstleistungen in Verbindung gebracht.

Wenn Ihr Unternehmen beispielsweise ein Elektronikhändler ist, gibt es möglicherweise eine neue Spielekonsole, die bessere Funktionen als andere Konsolen bietet. Indem Sie Lizenznehmer dieses Produkts werden, erhalten Sie das exklusive Recht, die Spielekonsole in Ihrem Einzelhandelsgeschäft zu verkaufen. Dadurch werden viel mehr Kunden in Ihr Geschäft kommen, um es zu kaufen.

Dies hat natürlich noch weitere klare Vorteile. Kunden kaufen nicht nur das Produkt bei Ihnen, was Ihre Umsatz-/Gewinnzahlen steigert, sondern sie können während ihres Besuchs auch andere Artikel bei Ihnen kaufen. Bedenken Sie, dass von Ihnen normalerweise erwartet wird, dass Sie das Produkt an die Zielgruppe in Ihrer Region vermarkten, sodass zusätzlich zu den Lizenzkosten ein Kostenfaktor hinzukommt.

Die Lizenzierung kann auf verschiedene Arten funktionieren. Möglicherweise wird von Ihnen erwartet, dass Sie während eines bestimmten Zeitraums eine Mindestanzahl an Einheiten vom Hersteller kaufen, Sie müssen möglicherweise eine Vorabgebühr an den Hersteller zahlen oder Sie müssen möglicherweise eine laufende Lizenzgebühr zahlen, z. B. einen Prozentsatz des Umsatzes oder der Kosten pro verkaufter Einheit. Ich habe viele Arrangements gesehen, bei denen eine Kombination aller drei verwendet wurde.

Ein viel häufigeres Beispiel für die Lizenzierung so vieler Menschen haben Das passiert wahrscheinlich irgendwann, wenn Sie Software für Ihren Computer kaufen.

Das Softwareunternehmen erstellt in der Regel die Software und verkauft sie Ihnen dann mit einer Lizenz pro Benutzer. Dies ist nEs handelt sich nicht um eine Wiederverkäuferlizenz, sondern eher um eine Benutzerlizenz, aber im Wesentlichen funktioniert es auf die gleiche Weise, da der Lizenzgeber mit jeder verkauften Lizenz ein Einkommen erzielt.

Wenn Ihr Unternehmen Produkte herstellt, kann die Lizenzierung ein Wachstumspfad sein. Wenn

Kunden Ihr Produkt kaufen möchten, hilft Ihnen das sicherlich bei der Finanzierung des Wachstums, da der Großteil der Kosten vom Lizenznehmer getragen wird.

Es gibt einen einfacheren Weg zur Lizenzierung oder zum Lizenznehmer: Netzwerk- oder Multi-Level-Marketing (MLM).

Hier werden Sie im Grunde ein lokaler Handelsvertreter für eine große Marke. Es kostet nicht so viel wie der Kauf einer Franchise, und Sie können im Allgemeinen verkaufen, wie und wann Sie möchten. Es gibt eine Reihe von Unternehmen, die dies tun, aber die meisten von ihnen sind speziell auf die Branchen Schönheits-, Wellness- oder Reinigungsprodukte spezialisiert. Dazu gehören Marken wie Avon, Kleeneze und Herbalife. Sofern Sie dies nicht als Teilzeitunternehmen unabhängig von Ihrem Hauptgeschäft betreiben möchten, würde ich Ihnen nur empfehlen, eine Marke zu übernehmen, die Ihr bestehendes

Geschäft ergänzt. Wenn es sich bei Ihrem Unternehmen beispielsweise um ein örtliches Fitnessstudio handelt, könnten Sie ein Wellnessprodukt nehmen, das eine Ergänzung sein könnte Ihr Fitnessstudio, zum Beispiel vielleicht ein Nahrungsergänzungsmittel oder ein Diätprogramm.

Um Agent eines MLM-Unternehmens zu werden, zahlen Sie eine Grundgebühr im Voraus. Diese Gebühr beinhaltet die Bereitstellung von Musterprodukten, Visitenkarten, einer Verkaufswebsite, einer Markenuniform, Schulungen usw., die Sie dann kostenlos erhalten Verkäufe. Verschiedene MLM-Unternehmen bieten möglicherweise alles im Rahmen eines abonnementbasierten Modells an, bei dem Sie jeden Monat eine laufende Gebühr zahlen. Allerdings ist jedes MLM-Unternehmen anders.

Was brauchen wir?

Wir wissen genau, was wir bereits haben. Anhand Ihrer Vision und Strategie wissen wir, was Sie in Zukunft (und hoffentlich bei jedem Meilenstein) benötigen. Deshalb vergleichen wir jetzt beides und ermitteln, was wir brauchen und wann wir es brauchen, um unsere Vision zu verwirklichen unsere Ziele erreichen.

Aus der Welt der Beratung oder des Projektmanagements wird dieser Vorgang als Durchführung einer GAP-Analyse bezeichnet.

Wir müssen uns die folgenden Geschäftsbereiche ansehen:

1. Erweitern Sie Ihre Vertriebskanäle
2. Erweitern Sie Ihr Team
3. Bauen Sie Ihre Systeme und Prozesse auf
4. Sichere Finanzierung

Ihre Vision hängt davon ab, wie Sie jeden einzelnen dieser Bereiche weiterentwickeln. Ihre Gesamtstrategie sollte jedoch darin bestehen, sie alle gemeinsam zu entwickeln, indem Sie sie auf ein gemeinsames Ziel oder einen gemeinsamen Meilenstein ausrichten. Es wäre beispielsweise wenig sinnvoll, eine Dienstleistung an die Fertigungsindustrie zu vermarkten, wenn Sie Ihr Personal für den Einzelhandel geschult haben, anstatt die Dienstleistung in der Fertigungsindustrie zu erbringen.

Das Wachstum Ihres Unternehmens erfordert nur Konzentration und Ausdauer.

Erweitern Sie Ihre Vertriebskanäle

Die meisten Menschen verstehen nicht, was Vertriebskanäle sind. Dabei handelt es sich im Grunde um jeden direkten oder indirekten Weg, Ihrem Kunden etwas zu verkaufen oder ihm etwas anzubieten.

Hier scheitern viele Unternehmen. Eigentümer glauben manchmal, dass es nur eine oder zwei Möglichkeiten gibt, Ihr Produkt/Ihre Dienstleistung zu verkaufen. Wenn Sie nicht gut darin sind, Ideen zu entwickeln, wie Sie Ihre Kunden erreichen können, stellen Sie jemanden ein, der von Natur aus gut darin ist. Das ist eine Fähigkeit, die für mich selbstverständlich ist. Ich habe eine Tabelle auf meinem Computer, die ich jeden Freitag aktualisiere. Nach meiner letzten Zählung enthält es über 4.000 Ideen zu Wachstumsstrategien oder Möglichkeiten, ein Unternehmen zu vermarkten.

Wir betrachten die gängigsten Möglichkeiten, Ihre Kunden zu erreichen, aber diese Liste erhebt keinen Anspruch auf Vollständigkeit. Tatsächlich berührt es nur die Ränder.

- Direktwerbung
- E-Mail Marketing
- Webseite
- E-Commerce-Site (Ihre eigene wWebsite)
- E-Commerce-Plattform (Amazon, eBay usw.)
- E-Commerce-Preisvergleichsseite (Expedia, Booking.com)
- Podcast
- Online-Bannerwerbung
- Online-PPC-Werbung (Pay-per-Click).
- Traditionelle Werbung
- Partner

- Wiederverkäufer
- Vertriebspartner
- Agenten
- Franchisenehmer
- Lizenznehmer
- Brancheneinkaufsgruppen
- Empfehlungsnetzwerke

Erweitern Sie Ihr Team

Anhand Ihrer GAP-Analyse sollten Sie wissen, welche Rollen benötigt werden und welche Fähigkeiten oder Qualifikationen diese jeweils ausmachen. Nachdem Sie diese identifiziert haben, können Sie erkennen, wo Sie einen Schulungsplan für diese Mitglieder Ihres Teams umsetzen müssen.

An dieser Stelle möchte ich darauf hinweisen, dass es sich lohnt, sich ein wenig über das Arbeitsrecht sowie die Gesundheits-, Sicherheits- und Sozialvorschriften in Ihrer Region zu informieren, wenn Sie Ihr Unternehmen ausbauen möchten. Wenn Sie eine geografische Expansion planen, müssen Sie sich darüber hinaus für jeden Bereich, in dem Sie Ihr Unternehmen betreiben, darüber informieren, da die Regeln und Vorschriften unterschiedlich sein können.

Es lohnt sich, mit einem lokalen HR-Berater (Human Resources) zusammenzuarbeiten, da dieser oft verschiedene Dienstleistungen anbietet, um kleine Unternehmen beim Rekrutierungsprozess zu unterstützen.

Diese Berater können auch sicherstellen, dass Sie über die richtigen Richtlinien und Verfahren verfügen, um jegliche Haftung zu begrenzen, falls ein verärgerter Mitarbeiter einen Anspruch gegen Sie oder das Unternehmen erhebt.

Einige Berater verfügen über verschiedene Versicherungspolicen, die Ihre Haftung reduzieren, falls ein Kläger erfolgreich einen Anspruch gegen Sie geltend machen kann. Bei den meisten arbeitsrechtlichen Ansprüchen bevorzugen die Gerichte den Arbeitnehmer und nicht den Arbeitgeber. Es lohnt sich also zu bedenken, dass jetzt möglicherweise ein kleiner Mehraufwand erforderlich ist, um in der Zukunft viel höhere Kosten zu vermeiden. In der heutigen „Krankenwagenjagd"-Gesellschaft gibt es viele Anwälte, die bereit sind, einen Anspruch gegen Sie unabhängig vom Rechtsgrund geltend zu machen. Daher lohnt es sich, jegliches Risiko für Sie oder das Unternehmen zu reduzieren.

Schauen wir uns an, welche Rolle jeder Persönlichkeitstyp beim Wachstum Ihres Unternehmens spielt. Wie ich bereits erwähnt habe, kann jeder jede dieser Rollen übernehmen. Wenn man sie also als Schwäche bezeichnet, heißt das nicht, dass der jeweilige Persönlichkeitstyp sie nicht übernehmen kann. Es handelt sich lediglich nicht um die stärkste oder natürlichste Rolle, die zu seinem Persönlichkeitstyp passt.

Stellen Sie sich zum Beispiel zwei verschiedene Tage in Ihrem Arbeitsleben vor. An einem Tag scheint der Tag wirklich gut zu verlaufen, die Zeit vergeht sehr schnell, man ist glücklich und fühlt sich überhaupt nicht gestresst. An einem anderen Tag vergeht die Zeit möglicherweise sehr langsam, Sie schauen alle paar Minuten auf die Uhr und wünschen sich, dass der Tag zu Ende geht. Ersteres liegt in diesem Szenario daran, dass Sie Aufgaben ausführen, die auf natürliche Weise zu Ihrer Persönlichkeit passen. Im letztgenannten Beispiel ist es sehr wahrscheinlich, dass Sie Aufgaben ausführen, die Sie zwar gut erledigen, die aber für Sie nicht selbstverständlich sind und oft ein Gefühl von Stress oder Angst hervorrufen können.

Meine persönliche Stärke ist das Dynamo-Profil. Wie Sie erfahren werden, ist das Dynamo-Profil am besten darin, neue Ideen zu entwickeln, aber nicht sehr gut darin, ins Detail zu gehen oder Dinge wie Projektmanagement zu übernehmen, da bei der Arbeit oft Details übersehen werden, wie z Das Dynamo-Profil ist „großes Ganzes", zukunftsorientiert. Den ersten Teil meiner Karriere verbrachte ich im Projektmanagement und in hochtechnischen Positionen, aber meine größte Leidenschaft, die Zeiten, in denen ich mich wirklich lebendig fühlte, war die Entwicklung der neuen Produktangebote, über die wir vorhin gesprochen haben.

Dynamo-Profil.

Stärken:

- Sie sind sehr kreativ und entwickeln von Natur aus neue Ideen, neue Produkte, Erfindungen, Designs und erfinden Wege neu, um Dinge besser zu machen
- Sie kommunizieren immer mit Blick auf das „große Ganze". Sie werden sie überzeugen, indem Sie ihnen das Gesamtbild verkaufen, anstatt über die Details des Projekts oder wie Sie es erreichen werden
- Am besten eignen sie sich für Rollen, in denen sie sich neue Vorgehensweisen einfallen lassen und vielleicht einen neuen

Service oder eine neue Produktlinie einführen.

Schwächen:

- Ein Projekt verwalten
- Erledigung größerer Aufgaben
- Mag keinen Perfektionismus
- Ungeduld, sie mögen keine Verzögerungen
- Beschönigen Sie die Details eines Projekts
- Sie hassen Smalltalk
- Niedrige Langeweileschwelle
- Ich mag Wiederholungen nicht

Strategie:

- Versetzen Sie sie in Rollen, in denen Sie einen neuen Ansatz benötigen
- Behalten Sie sie bei neuen kurzen Aufgaben oder Projekten
- Überlassen Sie ihnen nicht die Verantwortung für die Qualitätskontrolle
- Wenn Sie ein Projekt leiten, stellen Sie sicher, dass sich jemand auf die Details der Aufgabe konzentriert

Blaze-Profil.

Stärken:

- Gut darin, Beziehungen zu Menschen aufzubauen
- Werbung für eine Marke
- Typischerweise sehr extrovertiert

Schwächen:

- Nicht gut im Detail einer Aufgabe
- Sie mögen keinen Papierkram
- Sie mögen es nicht, an ihrem Schreibtisch oder in einer Umgebung ohne Menschen festzusitzen
- Kann von anderen als gelegentlich überdramatisch wahrgenommen werden
- Sie machen einfache Aufgaben gerne sehr komplex und vergrößern sie im Allgemeinen

Strategie:

- Versetzen Sie sie in eine Vertriebs- oder Personenkontaktrolle, bei der keine Liebe zum Detail erforderlich ist
- Versuchen Sie, so viel Papierkram wie möglich von ihnen zu entfernen
- Beauftragen Sie nach Möglichkeit einen Assistenten, der den Papierkram für Sie erledigt. Wählen Sie bei der Auswahl eines Assistenten zur Unterstützung entweder die Profiltypen „Tempo" oder „Steel" als Ergänzung zum Blaze-Profil

Tempoprofil.

Stärken:

- Gut darin, praktische Aufgaben auszuführen
- Mag das Detail
- Projektmanagement
- Zeitliche Koordinierung
- Mit der Aufgabe weitermachen

Schwächen:

- Sie sind nicht gut darin, neue Dinge zu erschaffen
- Sie mögen keine Veränderungen; Sie bevorzugen Gewissheit
- Ihre perfektionistische Einstellung führt dazu, dass manche Aufgaben nie erledigt werden.

Strategie:

- In diesem Profil dreht sich alles um das WANN: Wann wird etwas passieren? Das ist ihre Stärke; Verwenden Sie dies als Strategie für dieses Profil. Wenn Sie eine Aufgabe mit einem hohen Detaillierungsgrad benötigen, übertragen Sie ihnen die Verantwortung dafür
- Stellen Sie bei Projekten sicher, dass Sie über ein Tempo-Profil verfügen, um die Detail- und Timing-Elemente mit einem frischen Ideenansatz aus dem Dynamo-Profil in Einklang zu bringen. Dies wird auch dazu beitragen, eine Aufgabe voranzutreiben, da Dynamos das Projekt immer bis zur Ziellinie vorantreiben wird,

ohne so viel Wert auf Perfektionismus zu legen. Indem Sie ein stark perfektionistisches Profil mit einem nullperfektionistischen Profil in Einklang bringen, können Sie eine gute Balance erreichen.

Stahlprofil.

Stärken:

- Sie lieben Papierkram, Zahlen, die Analyse von Daten, Messungen und Systeme
- Sie erledigen gerne Aufgaben und perfektionieren Dinge
- Sie lieben das Detail und müssen das WIE eines Projekts verstehen
- Sie sind in der Regel gut im Finanzmanagement, in der Systematisierung und Organisation von Dingen
- Die meisten Menschen in dieser Kategorie wirken menschenfeindlich, sind oft introvertiert und werden von anderen möglicherweise als „Geeks" und „Nerds" angesehen. Sie sind oft von der Arbeit

begeistert, die andere oft als langweilig empfinden
- Sie sind gut darin, detaillierte Analysen und Berichte bereitzustellen.

Schwächen:

- Sie mögen keine Veränderungen; Sie bevorzugen Gewissheit
- Oft gesehen als irritiert Durch das „große Ganze", Profile von Dynamo und Blaze, müssen sie das verstehen Einzelheiten von allem, bevor sie sich darauf einlassen
- Obwohl sie gut darin sind, Aufgaben zu erledigen, sind sie nicht so gut darin, eine Aufgabe zu initiieren
- Sie können oft sozial aversiv sein und von anderen als Arroganz missverstanden werden, obwohl ihre introvertierte Natur oft nur bedeutet, dass sie keine guten verbalen Kommunikatoren sind
- Sie verzetteln sich oft in Details und benötigen Hilfe, um das Gesamtbild zu erkennen.

Strategie:

- Gut in Backoffice-Rollen. Sie bevorzugen ruhige Orte und arbeiten oft alleine oder in sehr kleinen Gruppen. Das Arbeiten im Großraumbüro ist für sie nicht das Richtige
- Versetzen Sie sie in Rollen, die Systeme aufbauen oder damit umgehen, Auditing, Finanzmanagement, Schätzungen, Cashflow-Management, Projektmanagement und IT-basierte Rollen

- Dieses Profil ergänzt das Blaze-Profil perfekt, da sie gegensätzlich sind. Da sie jedoch gegensätzlich sind, können sie dazu neigen, sich gegenseitig zu irritieren

Gesamtstrategie.

Am besten ist es, ein Team zu haben, das aus mindestens einem Teammitglied aus jeder Gruppe besteht. Wenn Ihr Unternehmen wächst, sollte es hauptsächlich aus TEMPO-Profilen bestehen, die

die Macher oder die Leute sind, die die Arbeit erledigen. Die anderen Profiltypen unterstützen die Teammitglieder des Tempo-Profils.

Jedes Profil braucht die anderen um sich herum, um ein Projekt oder ein Unternehmen erfolgreich zu machen.

Um Ihnen ein Beispiel zu geben: DYNAMOs sind der Anfang des Zyklus. Sie erschaffen und erfinden Dinge neu. Sie benötigen dafür die Systeme oder Finanzmittel, die ihnen das STEEL-Profil bietet. Sie benötigen auch die durch das BLAZE-Profil entwickelten Vertriebs- und Personenbeziehungen.

Das BLAZE-Profil ist das zweite im Zyklus. Menschen mit diesem Profil bauen Beziehungen und Teams auf, fördern und „verkaufen" letztendlich die Ideen des DYNAMO-Profils. Ohne die Entwicklung der Ideen wäre das BLAZE-Profil kaum in der Lage, etwas zu erreichen. Ebenso benötigt das BLAZE-Profil das TEMPO-Macherprofil, um die Aufgaben zu starten und das Timing-Element und die Details der Aufgaben bereitzustellen.

Das TEMPO-Profil ist das dritte im Zyklus. Diese Menschen konzentrieren sich auf Timing und Details, darauf, Dinge zu erledigen, anstatt darüber nachzudenken. Es ist ihnen unangenehm, Dinge zu verkaufen und Beziehungen und Teams aufzubauen. Dazu benötigen sie das BLAZE-Profil. Wenn das Produkt nicht verkauft wurde, haben sie nichts zu tun. Ebenso benötigen sie die Systeme des STEEL-Profils, um ihnen zu helfen, für das Produkt bezahlt zu werden, und um die Dinge einfach zu halten. Das STEEL-Profil hilft ihnen, den Prozess abzuschließen.

Das Profil STAHL ist das vierte im Zyklus. Menschen mit diesem Profil mögen es, die Dinge einfach zu machen. Sie konzentrieren sich darauf, komplizierte Dinge so einfach wie möglich zu machen. Wenn die Aufgabe vom TEMPO-Profil nicht erledigt wurde, können sie keine Systeme einrichten oder den Prozess vereinfachen. Wenn das DYNAMO-Profil nicht neue Ideen hervorbringt oder neu erfindet und die Systeme des STEEL-Profils integriert, gibt es eigentlich keinen Grund für die Existenz des STEEL-Profils.

Ohne mindestens zwei weitere Profile kann kein Profil erfolgreich bestehen, aber wenn sie zusammenkommen, ergänzen sie sich und werden in ihrem gemeinsamen Ziel äußerst erfolgreich.

Wenn Sie ein Projekt starten, ist es wichtig, sicherzustellen, dass Sie mindestens drei Profiltypen in das Projekt einbeziehen, um eine gute Balance zu gewährleisten.

Bauen Sie Ihre Systeme und Prozesse auf

Haben Sie ein Organigramm für Ihr bestehendes Unternehmen erstellt? Wenn nicht, dann tun Sie dies jetzt. Wenn Sie nicht wissen, was ein Organigramm ist, stellen Sie es sich wie einen Stammbaum oder ein Genealogiediagramm vor. Nachdem Sie ein Vorwachstumsdiagramm erstellt haben, zeichnen Sie ein weiteres neues Diagramm für das Unternehmen, das Ihre Vision darstellt. Listen Sie jede Rolle auf, die in einem Jahr (oder in dem Zeitraum, an dem Sie gerade arbeiten) in Ihrem Unternehmen besetzt sein wird. Es ist eine gute Idee, dies für Ihre Drei-Jahres-Vision und Ihre Ein-Jahres-Vision zu tun. Auf diese Weise können Sie sehen, welche Rollen Sie wann besetzen müssen. Dieser Prozess ist Teil der Entwicklung Ihres Teams. Wenn Sie Ihre Meilensteine festgelegt haben, können Sie für jeden Meilenstein ein separates Diagramm erstellen, damit Sie besser verstehen, wie das Unternehmen in jeder Phase seiner Entwicklung aussehen wird.

Als Nächstes müssen Sie für jede Rolle aufschreiben, was jede Person tut und welche

Verantwortlichkeiten sie hat. Haben Sie bereits alle Aufgaben aufgelistet, die in Ihrem Unternehmen anfallen?

Wenn nicht, müssen Sie als nächstes daran arbeiten. Nehmen Sie sich ein paar Wochen Zeit und durchlaufen Sie den Prozess.

Beginnen Sie damit, den Lebenszyklus eines Kunden zu betrachten. Dabei geht es darum, was Sie tun, um einen potenziellen Kunden zu identifizieren, Marketing, Verkauf, Verhandlung, Sicherstellung eines Verkaufs, Unterzeichnung der Verträge, Bestellvorgang, Lieferung der Bestellung, Verwaltung der Qualitätskontrolle, Verwaltung des Kundendienstes, Rechnungsstellung Vertragswesen, Finanzbuchhaltung, Systemtests und Unternehmens-Compliance. Zu jedem Eingriff gehört mindestens ein Dokument, Formular, Zertifikat oder Arbeitsblatt.

Dabei kann es sich beispielsweise um eine Vorlage für ein Verkaufsangebotsdokument oder eine Checkliste zur Überprüfung der Qualitätskontrolle handeln. Sie könnten einem Mitarbeiter folgen und ihn mit neuen Augen bei der Erfüllung seiner Aufgaben beobachten, fast so, als wäre es Ihr erster Arbeitstag und wüsste überhaupt nicht, wie die Dinge funktionieren. Sofern Sie kein Steel-Profil haben, möchten Sie diese Aufgabe vielleicht lieber jemandem übertragen, der es ist.

Alternativ, wenn Sie ein Blaze-Profil haben, können Sie es genießen, alles auf Video zu zeigen und das Gesicht des Unternehmens zu sein. Eine Strategie besteht darin, das System vom Stahlprofil erstellen zu lassen und es dann vom Blaze-Profil den Mitarbeitern bekannt zu machen.

Denken Sie an Ihren ersten Tag zurück, als Sie in die Arbeitswelt eingestiegen sind. Obwohl es sich jetzt um die einfachsten Aufgaben handelt, waren sie an Ihrem ersten Tag möglicherweise eine ziemliche Herausforderung für Sie. Wahrscheinlich wollten Sie Ihrer Chefin damals eine Freude machen, wussten aber nicht, wie gern sie Dinge tut. Dies ist Ihre Chance, wieder in die Fußstapfen des ersten Tages zu schlüpfen.

Eine weitere Möglichkeit könnte die Einstellung eines neuen Mitarbeiters sein. Im Rahmen des Schulungsprozesses mit diesem Mitarbeiter könnten Sie diesen Prozess begleiten und aufzeichnen.

Viele Unternehmen dokumentieren ihre Systeme ausschließlich auf Papier. Obwohl ich denke, dass es wichtig ist, eine schriftliche Version der Systeme zu haben, kann eine Videoversion auch nützlich sein. Für Menschen ist es oft einfacher, aus Videos zu lernen, als sie auf Papier zu lesen. Und im heutigen technologischen Zeitalter sind Videos in den Taschen unserer Mitarbeiter über ihre

Mobiltelefone und Social-Sharing-Seiten wie YouTube und Vimeo verfügbar. Jeder hat Zugriff auf die Verfahren, unabhängig von seinem Standort.

Sie benötigen weiterhin die dokumentierte Version aller Formulare oder Live-Dokumente, diese sind jedoch häufig über die Cloud und Online-Laufwerke oder Apps verfügbar.

Die Grundidee dieses Systems besteht darin, dass der Mitarbeiter zwar bereits im Allgemeinen wissen sollte, was zu tun ist, aber jederzeit auf das Dokument oder Video als Referenz zurückgreifen kann, um den Prozess absolut perfekt zu machen. Systeme und Verfahren können eingesetzt werden, um das Unternehmen effizienter zu gestalten.

Wie ich bereits sagte, gibt es trotz vorhandener Systeme immer noch einige Mitarbeiter, die den Job nicht wirklich wollen. Vielleicht werden sie von äußeren Kräften dazu gedrängt. Man kann diesen Leuten nicht beibringen, Dinge zu tun, die sie nicht tun wollen. Sie erledigen zwar die Arbeit, erzielen aber nur mittelmäßige Ergebnisse, und wenn Sie mehrere mittelmäßige Mitarbeiter beschäftigen, ist das Unternehmen am Ende auch mittelmäßig. Dies kann oft auch eine demoralisierende Wirkung auf andere Mitarbeiter haben.

Das habe ich erlebt, als wir in unserem Unternehmen Auszubildende eingestellt haben. Viele wurden von ihrer Familie oder weil sie kein staatliches Arbeitslosengeld erhalten konnten, zu einer Ausbildung gezwungen. Oftmals können Familien einen bestimmten Job mit ihren eigenen Augen sehen, anstatt ihn mit den Augen des Einzelnen zu sehen. *„Machen Sie einen Beruf, die Leute werden immer einen Elektriker oder Klempner brauchen."* kann ein guter Rat sein, und vielleicht ist es ein Rat, den das Familienmitglied gerne angenommen hätte, aber in einer Zeit, in der Kinder mit so viel Technologie aufwachsen, sehen sie die Zukunft der Welt vielleicht ganz anders als die Generation vor ihnen. Kombiniert man diese „Zwangsbeschäftigung" mit einem falschen

Persönlichkeitsprofil, entsteht ein Rezept für einen sehr unglücklichen Menschen.

Durch die Festlegung von Systemen und Verfahren im Rahmen des Arbeitsvertrags mit den Mitarbeitern stimmen diese zu, nach Ihren Regeln zu arbeiten. Wenn Sie feststellen, dass sie Ihre Regeln offensichtlich missachten oder die Dinge auf ihre Weise tun, kann dies als geeigneter Grund für die Entlassung herangezogen werden.

Denken Sie an die großen Fast-Food-Ketten wie McDonalds oder Dominos Pizza. Zur Herstellung des Endprodukts wird ein sehr spezifischer Prozess befolgt. Gehen Sie nach London, New York City, Sydney oder Kapstadt und Sie erhalten das gleiche Produkt, das genauso aussieht und schmeckt. Wenn Ihr Mitarbeiter den Prozess nicht befolgt, wird der Burger ganz anders aussehen oder schmecken, und das schadet plötzlich dem Ruf Ihres Unternehmens. Die Schädigung des Rufs eines Unternehmens ist ein Grund für die Entlassung eines Mitarbeiters.

Natürlich ist es immer am besten, zu diesem Thema einen Anwalt für Arbeitsrecht vor Ort zu konsultieren, der Ihnen dabei helfen wird, die Dinge richtig zu machen, aber Verfahren und Systeme tragen viel dazu bei, Ihrem Fall zu helfen und gleichzeitig mögliche Ansprüche wegen unrechtmäßiger Entlassung durch einen verärgerten Mitarbeiter zu reduzieren . Wenn Sie außerdem in Zusammenarbeit mit Ihrem Personalberater ein Verfahren einbauen, wird verhindert, dass untergeordnete oder unerfahrene Mitarbeiter unangemessene Disziplinarmaßnahmen gegen andere Mitarbeiter verhängen, was das Unternehmen ebenfalls anfällig für Rechtsstreitigkeiten machen würde.

Sichere Finanzierung

Sie benötigen eine finanzielle Komponente, um Ihr Wachstum zu unterstützen. Indem Sie Ihre Meilensteine als Orientierung verwenden, können Sie die Kosten für jeden Abschnitt aufschlüsseln, um zu ermitteln, welche Mittel zur Verwaltung des Cashflows im Unternehmen erforderlich sind. Wenn Sie wachsen, stellen Sie neue Mitarbeiter ein, was das Unternehmen für kurze Zeit in die Länge zieht, bis es eine Chance hat, die zusätzlichen Vorabkosten wieder hereinzuholen.

Unter Umständen ist es möglich, diese Ausgaben aus den bestehenden Gewinnen des Unternehmens zu finanzieren, sofern das Unternehmen bereits einen ausreichend hohen Gewinn erwirtschaftet. Es wird wahrscheinlich sehr lange dauern, bis das Geschäft allein durch diese Mittel wachsen kann.

In dieser Phase ist es wichtig, eine Cashflow-Prognose zu erstellen, einschließlich Ihrer Prognosen für alle bestehenden Unternehmen und der Hinzurechnung der Wachstumsanteile des Unternehmens. Auf diese Weise werden Sie auch Möglichkeiten erkennen, die Aktivitäten so zu steuern, dass sie dem Cashflow entsprechen und verhindern, dass das Unternehmen in finanzielle Schwierigkeiten gerät.

Welche Möglichkeiten gibt es also, das Unternehmen zu finanzieren?

- a. Eigenkapitalinvestition
- b. Schulden
- c. Reserven
- d. Aktionärsgelder
- e. Gebündelte Investition
- f. Zuschüsse

Wir werden uns die einzelnen Optionen der Reihe nach ansehen.

Eigenkapitalinvestition

Für ein wachsendes Unternehmen kann es eine gute Idee sein, neue Aktionäre zu gewinnen.

Abhängig vom Investor kann es dem Unternehmen auch neue Möglichkeiten eröffnen, indem es auch Türen für neue Kunden öffnet. Der Nachteil dabei ist jedoch, dass viele Anleger eine Kapitalbeteiligung an Ihrem Unternehmen wünschen, wobei einige Anleger als Gegenleistung für ihr Kapital bis zu 80 % des gesamten Unternehmens übernehmen möchten. Wenn das Unternehmen etabliert ist und bereits gute Renditen erzielt, ist es möglich, eine Reduzierung des Eigenkapitals auszuhandeln.

So bewerten Sie Ihr Unternehmen als Investition

Bei der Bewertung eines Unternehmens ist es wichtig, nicht gierig zu sein. Sie geben dem Unternehmen keine Beachtung *zu verkaufen* Bewertung; Der Investitionswert ist typischerweise niedriger als a *zu verkaufen* Bewertung.

Jede Investition wird zum Zweck des Geschäftswachstums getätigt, was bedeutet, dass alle davon profitieren. Ohne diese Investition wird das Unternehmen wahrscheinlich nicht wachsen und in Wirklichkeit nicht so wertvoll sein wie eine gesicherte Investition.

98,7 % der auf dem Absatzmarkt beworbenen Kleinunternehmen erzielen keinen Verkauf! Der Hauptgrund dafür ist ihre Größe im Verhältnis zu ihrer Bewertung. Dies liegt daran, dass viele kleine Unternehmen tagtäglich von ihren Eigentümern geführt werden und dies für jeden Eigentümer und Käufer ein großes Risiko birgt. Viele Mitarbeiter und Kunden bleiben aufgrund des Eigentümers im Unternehmen. Wenn ein kleines Unternehmen verkauft wurde oder ein leitender Mitarbeiter das Unternehmen verlässt, verlassen innerhalb weniger Monate häufig auch eine Reihe anderer Mitarbeiter und/oder Kunden das Unternehmen.

Wenn Sie vorhaben, Ihr Unternehmen in Zukunft zu verkaufen, würde ich Ihnen raten, es zunächst deutlich auszubauen. Um dies zu erreichen, benötigen Sie eine Investition und das Wissen und die Erfahrung, um dieses Wachstum zu erzielen. Idealerweise soll das Unternehmen Umsätze im sieben- bis achtstelligen Bereich erzielen, um einen guten Verkaufspreis zu erzielen. Es gibt noch andere Dinge, die Sie berücksichtigen sollten, aber im Moment sollten Sie sich eher auf das Wachstum als auf den Verkauf Ihres Unternehmens konzentrieren.

Lassen Sie uns die Investition Ihres Unternehmens bewerten.

- Um eine Investitionsbewertung des Unternehmens vorzunehmen, schauen Sie sich das durchschnittliche EBITDA an (Ergebnis vor Zinsen, Steuern und Abschreibungen) Zahl in den letzten drei Jahren
- Ersetzen Sie Ihr eigenes Gehalt durch das entsprechende marktgerechte Gehalt für die Position, die Sie übernehmen. Viele Unternehmer zahlen sich selbst ein sehr

niedriges Gehalt, sodass dadurch ein faireres Bild des Unternehmens vermittelt wird. Dies wird als bereinigtes EBITDA bezeichnet

- Multiplizieren Sie diesen durchschnittlichen angepassten EIN EINS Zahl durch Zwei. Dies wird als Vielfaches bezeichnet und liegt für kleine Unternehmen im Allgemeinen im Bereich von eins zu drei
- So erhalten Sie eine grobe Einschätzung, welchen Investitionswert Ihr Unternehmen wert ist. Wenn Ihr Unternehmen hoch verschuldet ist oder sich in einer Notlage befindet, wirkt sich dies auch auf den Wert des Unternehmens aus

Hier ist ein Beispiel.

EBITDA: 100.000 $

Dein Gehalt: -10.000 $

Ersatzmarktgehalt: +70.000 $

Bereinigtes EBITDA: 40.000 $

Unternehmensbewertung: 80.000 $

(40.000 $ x 2)

An dieser Stelle möchte ich darauf hinweisen, dass in einigen Branchen unterschiedliche Multiplikatoren zur Bewertung eines Unternehmens verwendet werden. Ich habe drei verwendet, da dies für die meisten Branchen, in denen ich tätig war, ziemlich durchschnittlich ist.

Es kommt wirklich darauf an, wie sehr ein Investor Ihr Unternehmen mag und wie schnell er eine Rendite seiner Investition erzielen möchte. Wenn Sie im Technologie-, Fertigungs- oder Immobiliensektor tätig sind, kann diese Bewertung völlig anders ausfallen. Im Allgemeinen können kleine Unternehmen jedoch mit einem Vielfachen von zwei bewertet werden, da die meisten Anleger ihr Geld innerhalb eines Zeitraums von zwei bis drei

Jahren zurückerhalten möchten und jede zusätzliche Zeit darauf ausgerichtet ist, einen Gewinn für sie zu erwirtschaften.

Wenn Sie diesen Weg in Betracht ziehen, sollten Sie auch darüber nachdenken, die Unternehmensinvestition im Rahmen eines staatlich geförderten Investitionsprogramms zu registrieren. Dies verringert die Haftung der Anleger, wenn sie das Unternehmen verlassen, und kann möglicherweise weitere Anlegertypen für Ihr Unternehmen gewinnen.

Diese Art von Plänen verringert die zu zahlenden Kapitalgewinne, wenn sie das Unternehmen in Zukunft verlassen. Sie sind gute Motivatoren für die Gewinnung von Investoren für Ihr Unternehmen.

Seien Sie vorsichtig, wenn Sie auf der Suche nach einer Kapitalanlage sind. Ich habe viele Beispiele gesehen, in denen ein kleines Unternehmen eine Kapitalbeteiligung getätigt hat und nach drei Jahren enttäuscht war. Dieser Investor wird Ihr Partner im Geschäft sein. Wenn es Ihnen nur um Geld geht, würde ich Ihnen raten, dass Ihnen bessere Optionen zur Verfügung stehen.

Wenn Sie diese Route in Betracht ziehen, sollten Sie bedenken, was Sie wirklich brauchen. Der Investor sollte Erfahrung darin haben, das zu erreichen, was Sie erreichen möchten. Ich sehe heutzutage so viele Leute, die sich selbst einen Angel-Investor nennen, die keinerlei Geschäftserfahrung haben.

Sie haben einfach ihre Rente abbezahlt oder eine als Finanzinvestition gehaltene Immobilie verkauft und investieren nun einen Teil ihres Geldes in kleine Unternehmen.

In anderen Fällen versuchen sie, sich in die Führung des Unternehmens einzumischen, auch wenn sie keine Geschäftserfahrung haben, und sagen den

Geschäftsinhabern, worauf sie sich konzentrieren sollten.

Wenn Sie glauben, dass es eine gute Sache ist, einen „stillen Investor" zu haben, denken Sie noch einmal darüber nach. Wenn Sie der Meinung sind, dass es eine gute Sache ist, wenn sich jemand (ohne Erfahrung) in das Unternehmen einmischt, werden Sie am Ende sehr frustriert sein, und wenn Sie mit vielen Menschen in dieser Situation sprechen, wünschen Sie sich, Sie hätten den Prozess nie begonnen.

Meine persönliche Erfahrung besteht darin, ein schnelles Wachstum innerhalb einer ganz bestimmten Unternehmensart und -größe zu erzielen.

Ich arbeite nicht mit Start-ups zusammen, und ich arbeite selten mit Unternehmen zusammen, die einen Umsatz von mehr als 30 Millionen Dollar haben. Es ist der ideale Kompromiss zwischen den beiden Ebenen: etablierte kleine Unternehmen, die mindestens drei Mitarbeiter beschäftigen, aber eine nachgewiesene Kundennachfrage haben und Experten in der Lieferung sind.

Denn ich weiß, wem ich in kürzester Zeit den größten Mehrwert bieten kann, und das ist mir wichtig. Ich engagiere mich zwar im Geschäft, aber nur in den Bereichen, in denen wir stark sind, z. B. beim Aufbau einer soliden Grundlage für Wachstum, bei der Neugestaltung des Geschäftsmodells, bei der Suche nach neuen Wachstumsstrategien, bei der Suche nach Möglichkeiten zur Gewinnsteigerung und bei der Entwicklung neuer Produkte Angeboten, den Aufbau strategischer Partnerschaften, die richtigen Leute auf die richtigen Plätze zu bringen, den Aufbau eines Managementteams, den Erwerb von „Bolt-on"-Unternehmen und allgemein die Arbeit an hochrangigen strategischen Aktivitäten. Abgesehen von meiner Tätigkeit als Mentor und Coach für das Managementteam bin ich nicht in das Tagesgeschäft des Unternehmens eingebunden.

Schulden

Schulden sind eine Investition oder Verpflichtung Ihrerseits, das Geld an den Kreditgeber zurückzuzahlen. Es sei denn, Sie sind sich Ihrer geplanten Prognosen sicher und können nahezu garantieren, dass Sie jeden Monat über das Geld zur Rückzahlung der Schulden verfügen, wäre es nicht ratsam, dies zu tun. Die Fremdkapitalfinanzierung eignet sich nur als Instrument zur Unterstützung des Cashflows, etwa ein Darlehen, ein Überziehungskredit oder eine Rechnungsfinanzierung.

Meiner Meinung nach ist es kein gutes Instrument zur Finanzierung ungewisser Wachstumsprojekte, da man sich über den Ausgang des Wachstumsprojekts nicht sicher sein kann. Sie müssen diese Rückzahlung auch jeden Monat leisten. Sie können jedoch den Zinsanteil der Schulden als Aufwand für das Unternehmen geltend machen und so die Gewerbesteuerschuld mindern. Wenn Sie Schulden gegenüber dem Unternehmen aufnehmen, wirkt sich dies auf den Wert des Unternehmens aus und führt möglicherweise zu Problemen mit Ihren Kreditgebern, wenn Sie deren Kreditquoten überschreiten, was gelegentlich dazu führen kann, dass Kredite kurzfristig abgerufen werden – was im Grunde Sie betrifft Sie müssen den Kredit innerhalb weniger Tage zurückzahlen, sonst riskieren Sie den Verlust Ihrer Immobilie.

Die Fähigkeit, einen Kredit in dieser Form zu sichern, hängt vom Kreditgeber sowie von der Unternehmensbilanz und den oben erläuterten Finanzkennzahlen ab. Der Kreditgeber verlangt von den Anteilseignern oft, dass sie die Kreditmittel entweder mit Kapitalinvestitionen oder einer Art Wertpapierbesitz, wie etwa ihrem Haus oder anderen persönlichen Besitztümern, verdoppeln.

Wenn Sie sich für den Weg der Fremdfinanzierung entscheiden und Ihre Wachstumspläne nicht sicher sind, könnte dies das Ende des Geschäfts und für Sie und alle anderen Aktionäre ein finanzielles Desaster bedeuten, wenn Sie die Rückzahlungen nicht leisten können. Anders als bei der Eigenkapitalinvestition sind die meisten Fremdkapitalgeber auch nicht daran interessiert, potenzielle Kunden vorzustellen.

Reserven

Wenn Sie im Unternehmen über Reserven verfügen, ist es vielleicht jetzt an der Zeit, diese zu nutzen. Ich würde einem Geschäftsinhaber jedoch immer empfehlen, nur einen Teil seiner Barreserven zu verwenden, da Sie immer noch ein Sicherheitsnetz benötigen, falls etwas schief gehen sollte.

Aktionärsgelder

Wenn das Unternehmen bereits mehrere Gesellschafter hat, könnte es eine Überlegung wert sein, dass jeder das Geld selbst investiert.

Dies würde normalerweise auf der Basis eines Prozentsatzes des Eigentums erfolgen. Wenn ein Aktionär beispielsweise 3 % des Eigenkapitals besitzt, würde er/sie 3 % der erforderlichen Investition tätigen, andernfalls würde er/sie mit einer Verwässerung seiner bestehenden Beteiligung rechnen.

Gebündelte Investition

Eine weitere Möglichkeit besteht darin, einen Investitionspool einzurichten, bei dem jeder Mitarbeiter eine Kapitalbeteiligung tätigt. Dabei kann es sich um dieselben Eigenkapitalniveaus handeln, die im Abschnitt „Beteiligungsinvestitionen" angegeben sind. Anstatt es jedoch einem einzelnen Investor anzubieten, wird es entweder mehreren natürlichen Personen oder einer juristischen Person angeboten, die zum Zweck der gemeinsamen Eigentümerschaft gegründet wurde. Wenn Sie in Phasen wachsen würden, könnten Sie dieses Investitionsmodell nutzen, um das Geschäft phasenweise auszubauen. Dies wird normalerweise als „Finanzierungsrunde" bezeichnet und kommt am häufigsten bei Start-up-Technologieunternehmen vor.

Ein Bereich, der Gründern und Frühphaseninvestoren bei diesem Weg Sorgen bereitet, ist, dass ihre Anteile mit jeder Finanzierungsrunde so stark verwässert werden, dass sie nach einigen Jahren intensiven Geschäftswachstums keinen Anteil mehr am Unternehmen besitzen.

Diese Option eignet sich hervorragend, um sich für das Unternehmen zu engagieren. Es ist jedoch unwahrscheinlich, dass sie dazu beiträgt, was andere professionelle Investoren für das Unternehmen tun könnten, sowohl was die Erfahrung als auch die Einführung angeht.

Hier ist noch ein weiterer Punkt zu beachten. Besitzt ein Aktionär 15 % oder mehr der Anteile, ist er automatisch stimmberechtigt. Nehmen wir an, dass die Mitarbeiter eine juristische Person mit gemeinsamem Eigentum bilden und diese juristische Person 16 % der Anteile am Unternehmen besitzt. Sie hätten ein Mitspracherecht bei der Führung des Unternehmens. Wenn jedoch jeder Einzelne für eine kleine Investition Eigenkapital erhält, kann es sein, dass es weniger als 1 % Eigenkapital pro Mitarbeiter beträgt. Sie erhalten das Geld und behalten gleichzeitig die volle Kontrolle über das Geschäft.

In solchen Fällen müssen Sie klare Regeln für die Investition festlegen (z. B. was mit der Investition eines Mitarbeiters passiert, wenn er das Unternehmen verlässt).

Außerdem möchten Sie nicht, dass ein Mitarbeiter, dem 0,3 % des Unternehmens gehören, plötzlich denkt, er könne zu spät zur Arbeit erscheinen, oder denkt, er könne seinen Freunden die Dienstleistungen des Unternehmens zu Schnäppchenpreisen anbieten, nur weil er es tut *eigen* Es. Manchmal kann eine Situation bei Menschen komische Dinge bewirken.

Bitte beachten Sie, dass es sehr strenge Regeln dafür gibt, wie Sie Ihren Mitarbeitern oder der Öffentlichkeit eine Investitionsmöglichkeit anbieten dürfen oder nicht. Sie sollten vor Beginn dieses Prozesses rechtlichen Rat und Unterstützung in Ihrer Nähe einholen, andernfalls könnten Sie dies tun Wenn Sie etwas falsch machen, droht Ihnen eine Gefängnisstrafe.

Zuschüsse

Es stehen zahlreiche Zuschüsse zur Verfügung. Diese basieren normalerweise auf Wachstumsbranchen oder auf der Beschäftigung von Menschen.

Diese ändern sich ständig, aber meistens müssen Sie das Geld ausgeben, bevor Sie es als Zuschuss zurückerhalten. In vielen Fällen dürfen Sie sich vor der Antragstellung auch noch nicht für das Projekt angemeldet oder das Geld ausgegeben haben. Dieser Prozess kann sehr lange dauern und die Antragstellung kann erhebliche Ressourcen erfordern.

Stellen Sie sicher, dass die Zusammenstellung des Stipendiums die Zeit wert ist, die für die Zusammenstellung erforderlich ist. Ich habe zuvor etwa 300 Stunden damit verbracht, einen Förderantrag zu schreiben, nur um ihn wegen einer Nebensache abzulehnen. Bedenken Sie, dass Sie es vielleicht doch nicht bekommen. Verlassen Sie Ihren Geschäftserfolg nicht auf der Sicherung eines Zuschusses.

Am besten recherchieren Sie im Internet nach Fördermöglichkeiten in Ihrer Region oder Branche.

Alternativ können Sie Ihren Berufsverband oder die örtliche Handelskammer um Hilfe bitten, wenn Sie Mitglied sind. Sie können Ihnen möglicherweise den richtigen Weg weisen.

Für welche Variante Sie sich auch bei der Finanzierung Ihres Unternehmens entscheiden, diese sollte mit viel Planung im Vorfeld getroffen werden. Möglicherweise möchten Sie die verschiedenen Optionen in einer Tabelle durchgehen, als ob sie in Echtzeit geschehen würden. Betrachten Sie dies anhand der Umsatzzahlen, der Kosten, aber auch, wie die Bilanz aussieht. Stellen Sie sich ein Szenario vor, in dem Sie einen Kredit aufnehmen, später aber zusätzliche Mittel benötigen.

Wie sieht Ihre Bilanz zum jetzigen Zeitpunkt aus und können Sie sich aufgrund Ihrer neuen Position eine angemessene Finanzierung sichern? Berücksichtigen Sie bei der Berechnung der Zahlen ein paar besorgniserregende Szenarien. Stellen wir uns vor, Sie hätten ein paar uneinbringliche Schuldner. Wenn Sie die Zahlen auf diese Weise darstellen, werden Sie hoffentlich in der Lage sein, die möglichen Szenarien zu verstehen und Ihre Wachstumsstrategie entsprechend zu planen.

Abschluss

Hoffentlich hat Ihnen dieses Buch einen Einblick in einige bewährte Strategien zum Wachstum Ihres Unternehmens gegeben. Die beste Strategie besteht darin, im Voraus zu planen, bevor Sie weitere Schritte unternehmen. Wenn Sie sich darauf konzentrieren können, wo Sie jetzt sind, dann einen Weg einschlagen und daran festhalten, werden Sie irgendwann dort ankommen, wo Sie sein möchten.

Natürlich kann es passieren, dass Sie auf dem Weg auf Hindernisse stoßen, wie Sie es sicher schon erlebt haben, aber wenn die Dinge einfach wären, würde jeder sie bewältigen. Möglicherweise müssen Sie Ihren Ansatz ändern, aber solange Sie Ihr Endziel im Blick behalten und immer darauf hinarbeiten, sind die tatsächlichen Wege, die Sie einschlagen, um dorthin zu gelangen, nicht so wichtig. Irgendwann wirst du dort ankommen.

Unternehmenswachstum hängt nicht nur vom Geld ab. Wenn ein Unternehmen Investitionen erhält, ist das keine Garantie dafür, dass es großartig wird. Wussten Sie, dass 99,7 % der Unternehmen, die von Risikokapitalinvestoren unterstützt werden, nicht einmal die letzten zwei Jahre überleben? Daher ist es einfach Unsinn, Wachstumsannahmen auf „das Geld zu haben" zu stützen.

Das richtige Team und die richtige Strategie machen das Unternehmen letztendlich zum Erfolg.

Über den Autor

Wayne Fox ist ein Neugründer des Geschäftslebens, ein Branchendisruptor, Entwickler von Gewerbeimmobilien, Zukunftsforscher, Bestsellerautor und Investor. Direktor der

Enyaw-Gruppe, einer in Großbritannien ansässigen Investmentfirma, die in investiert „*Freiheitslebensstil*" Unternehmungen. Er verfügt über Erfahrung darin, in früheren KMU-Unternehmungen ein Umsatzwachstum im sieben- und achtstelligen Bereich zu erzielen.

Meine Online-Links:

Wayne Fox-Website: www.wayne-fox.co.uk

Enyaw-Gruppe: www.enyawgroup.com

Enyaw Capital: www.enyawcapital.com

Enyaw-Grundstück: www.enyawproperty.co.uk

Linkedin:https://www.linkedin.com/in/waynefoxuk

Twitter: https://twitter.com/WayneFoxUK1

Instagram:https://www.instagram.com/waynefoxuk

Youtube:https://www.youtube.com/@WayneFoxUK

Udemy:https://www.udemy.com/user/wayne-fox-6

www.ingramcontent.com/pod-product-compliance
Lightning Source LLC
Chambersburg PA
CBHW070251230526
45470CB00002B/560